王綱懷　編著

# 三槐堂藏鏡

王世襄題

文物出版社

**圖書在版編目（CIP）數據**

三槐堂藏鏡 / 王綱懷編著 . —北京：文物出版社，2004.12
ISBN 7-5010-1621-6

Ⅰ. 三…　Ⅱ. 王…　Ⅲ. 古鏡 – 鑒賞 – 中國
Ⅳ. K875.2

中國版本圖書館 CIP 數據核字（2004）第 044568 號

装幀設計　張希廣
責任印製　張道奇
責任編輯　王　戈

三 槐 堂 藏 鏡

出版發行　文 物 出 版 社
　　　　　（北京五四大街 29 號）
　　　　　http://www.wenwu.com
　　　　　E-mail：web@wenwu.com

──────────────────

經　　銷　新華書店
印　　刷　北京美通印刷有限公司
版　　次　2004 年 12 月北京第 1 版
　　　　　2004 年 12 月北京第 1 次印刷
開　　本　787×1092　1/16　印張 18
書　　號　ISBN 7 – 5010 – 1621 – 6／K·828
定　　價　190 圓

新鑄之銅鏡並無光澤，《淮南子·修務訓》稱「明鏡之始下型，矇然未見形容及其粉以玄錫，摩以白旃，須眉微毫可得而察。」此科學史家事。

綱懷先生雅鑒　二〇二三年十月　史樹青

# 目　　録

# 彩 色 圖 版 目 錄

# 黑白圖版目録

4

5

6

# 序

孔 祥 星

　　據我所知，目前有不少銅鏡收藏家朋友正在著書立說，專注於銅鏡文化的研究。這是一件值得令人高興的事，表明銅鏡收藏進入了一個新的階段。《三槐堂藏鏡》一書就是在這種趨勢下出版的。這本書的產生有很多鮮爲人知的故事，更傾注了作者大量的心血。

　　我與綱懷先生相識一年有餘，其間除了見面切磋外，信件和電話交流不斷。他曾就讀於清華大學，我則畢業於北京大學，他在上海，我在北京，是銅鏡使我們有了共同的語言。我佩服他對銅鏡收藏和研習的執著，以及對銅鏡文化的難以抑制的激情和向往。

　　如何把握銅鏡文化的本質與內涵，這是我最近幾年經常思考的一個問題。小小一面銅鏡，從某個側面凝聚了當時人們的意願和理想。要挖掘和展示這些內容，既需要理性的認識，也需要浪漫的思維。此書在兩者的結合方面做了有益的嘗試，不僅對收錄的銅鏡進行了具體細緻的描述，又對其亮點進行了適度提煉。在同一閱讀面上，他有選擇地將一面銅鏡分爲實物照片和揭本兩頁加以闡述，這種巧妙的構思在有關銅鏡的著作中尚無先例。不祇在形式上，在內容上他也有自己一些獨到的見解。在書中，他注意突出銘文鏡，並對其從書體到文字內容等方面加以分析。特別是關於銅鏡單位面積的平均重量 $m$ 值和標準尺的提出，爲古代銅鏡的研究提供了一個新的視角。爲了使銅鏡研究深層化、多樣化，現在既需要嚴謹的治學態度，也需要執著激越的情愫。祇有這樣，纔能使我們的思路更開闊，探討的範圍更廣泛。

　　如何體現收藏特色和品位，這是我在評論銅鏡著作時的一個重要原則和標準。一部銅鏡著作必須顯示出收藏研究者的層次和個性，不求全面系統，面面俱到，但要有重點，有亮點，有看點，有重點則主題明確，有亮點則特色鮮明，有看點則能吸引人。此書雖爲家族和個人藏品，但其中也不乏精品，如兩面"刻婁（鏤）博局去不羊（祥）"的新莽銘文鏡。就目前所知，同類者存世甚少。又如十六字銘西漢草葉紋鏡紋飾精美，銘文清晰，品相上乘，而此類鏡存世數量亦極爲有限。

　　如何更好地展現銅鏡之美，也是我近幾年一再强調的問題。銅鏡的幾何形狀簡單，多爲平面圓形，面積雖不大，但紋飾、銘文豐富。因此，出版物中銅鏡實物照片或搨本的質量，是一個不容忽視的問題。據我所知，綱懷先生在這方面做了相當大的努力，衷心地祝福他，以他的豪氣，以他的熱情，以他的勤奮，一定會取得成功的。在此，希望他與出版社通力合作，盡一切可能將銅鏡的"精絶"之處奉獻給讀者。

8

2003 年 7 月於北京安貞里寓所

# 前　言

9

王綱懷

　　筆者承繼家風，喜愛古銅鏡，收藏玩賞數十年。五代之際，晉國公王祐於庭前植三槐，後爲王氏家族之堂名，沿襲至今。今輯録此書，特作篇名，以示緬懷。

　　中國古代銅鏡的歷史悠久，工藝水平高超，紋飾精美，銘文書體多樣，文化底蘊深厚，令人嘆爲觀止。本書收録家傳和筆者多年集藏的銅鏡一百四十九面，按年代順序，分作九個部分編排，其中先秦鏡八面、西漢鏡三十五面、新莽鏡十四面、東漢鏡十九面、魏晉南北朝鏡四面、隋唐鏡二十七面、五代宋鏡十九面、遼金元鏡九面、明清民國鏡十四面，并逐一加以説明。

　　文字乃人類文明的重要標志，漢字演變史是五千年華夏文明史的重要篇章。在秦始皇統一文字後的秦漢之際，銅鏡上就出現了銘文。由標準的小篆起，依次是西漢的繆篆、簡隸，新莽復古行懸針篆，東漢中晚期的標準隸書。桓靈之際開始流行楷書、行書、草書，魏晉南北朝則盛行各種書體。在隋唐以前，漢字就已經完成了由古文字向今文字的演變。兩宋以降，銅鏡趨向實用，在鑄造技術和工藝美術兩個方面的總體質量有所下降，但鏡形與書體呈現多樣化趨勢。不僅鏡形多達二十餘種，銘文書體更是變化豐富。

　　一部銅鏡銘文史，近似一部中國書法史。鏡銘文字中，篆、隸、楷、行、草五體齊全，與石碑、簡牘、帛書的書法藝術相比，鏡銘文字毫不遜色。銅器和銅鏡上都有銘文（即金文），銅器銘文主要鑄刻了當時的祭祀、征伐、賞賜等重大事件，銅鏡上的銘文則從一個側面反映了當時的社會生活、思想文化、風土人情和宗教習俗，而且更貼近平民百姓的生活。西漢鏡銘文與楚文化的一脉相承，新莽鏡銘文記載的“托古改制”，東漢鏡銘文傳播的神仙思想，隋唐、兩宋鏡銘文反映的現實生活，明清鏡銘文體現的禳災祈祥等，都具有鮮明的時代特徵。爲此，本書突出展示了藏品中的銘文鏡。重點之一是西漢草葉銘文鏡。此類鏡銘文內容豐富，文字書體則從圓轉的小篆演變到方折的繆篆。重點之二是清白鏡、君忘忘鏡、銅華鏡、日有喜鏡等大直徑的西漢中晚期銘文鏡，前期銘文內容多與楚文化有關，後期銘文則比較接近現實生活，文字書體多爲簡化隸書。重點之三是新莽四靈博局鏡。新莽鏡銘文書體多係俊逸瀟灑的懸針篆，尤其是兩面不同銘文内容的"刻婁（鏤）博局去不羊（祥）"鏡，世不多見，爲此類鏡的定名提供了重要的實物資料。

筆者曾從事環保工作，與鳥類結下不解之緣，故在本書的隋唐鏡中，收錄數面禽鳥鏡，包括禽獸葡萄鏡、鸚鵡鏡、飛天仙鶴鏡等。對東漢畫像鏡及深受南唐文化熏陶的建州鏡，也在書中做了相應的介紹。

在研究和鑒別古代銅鏡的過程中，筆者對其"度"和"量"方面的内容也進行了一些探索。一是對照當時標準尺的檢驗*。唐及唐以前的銅鏡較爲規整，尤其是一些直徑較大的盛行期標準鏡，代表了官方製作的水平。部分銅鏡直徑還按當時度量衡標準的整數倍率來製作，祇是在製模和鑄造時難免會出現一些誤差。其資料的可靠性高，規律性強，可比性好。這在西漢草葉銘文鏡和新莽四靈博局鏡中尤爲明顯，部分戰國鏡和盛唐鏡也能適用。如西漢草葉銘文鏡直徑多爲漢標準寸（今 2.31 厘米）的整數倍，本書即介紹了漢尺五寸、六寸、七寸、八寸及附錄中的九寸，共五個有系統的標準規格。二是計算銅鏡單位面積的平均重量 $m$ 值（克/平方厘米）。爲能比較準確地表述一面銅鏡的厚薄，本書提出了 $m$ 值的概念。雖然存在一定的局限性和相對性，如未包括密度換算、金屬成分、鏡紐大小及脱胎失重等因素，但還是爲同類鏡或不同類鏡之間的分析比較提供了一個定量依據，有時甚至可以作爲斷代的參考。對於盛行期標準鏡（特別是官製鏡），在不同時期均有相應的不同數值。數據統計表明，西漢草葉紋鏡 $m$ 值應爲 1.5～2、西漢清白鏡、銅華鏡等常爲 2.5～3.5，新莽博局鏡當爲 2.5～3.5，唐禽獸葡萄鏡多爲 4～5.5。

此外，筆者在本書附錄中，還精選出鏡友贈送的二十一張搨本。其中的西漢草葉銘文鏡是罕見的漢尺九寸鏡，其銘文内容和主體紋飾均較特殊；漢新莽銅華（錯刀）四靈博局鏡銘文則具有證史價值。輯錄於此，與大家共賞。

筆者所學並非考古專業，然對古銅鏡則可謂情有獨鍾。退休後，將原有家藏和多年之藏品，加以玩賞琢磨，再與同好切磋探討，略有所悟，漸成心得，日見積聚而成此書。值此盛世，國運昌隆，地方有修志之舉，民間興家譜之續，傳承文化，蔚然成風。筆者感同身受，不憚粗陋，付梓問世。然才疏學淺，謬誤在所難免，祈方家指正，以冀對古銅鏡收藏、稽考或有裨益，並有助於推動中國銅鏡文化之研究。

2003 年 7 月於上海寓所

＊　查《中國科學技術史・度量衡卷》，東周尺、戰國尺、秦尺、漢尺均爲 23.1 厘米，晉尺爲 24.2 厘米，隋尺爲 29.5 厘米，唐尺爲 30.6 厘米，宋尺爲 31.4 厘米，明尺、清尺均爲 32 厘米。

一　戰國、西漢四龍菱紋鏡

*14*

二　西漢雙龍鏡

三　西漢四花瓣蟠螭紋鏡

16

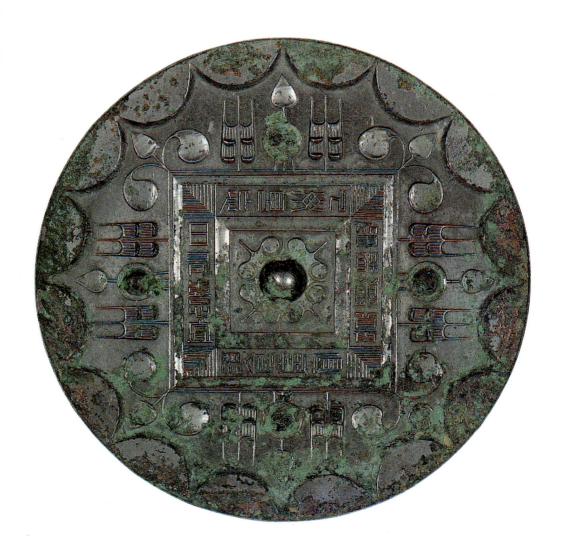

四　西漢四乳草葉銘文鏡

五　西漢清白銘帶鏡

18

六　西漢銅華銘帶鏡

七　西漢日有喜銘帶鏡

20

八　西漢君忘忘銘帶鏡

九　新莽鳳凰翼翼四靈博局鏡

22

一〇　新莽上華山鳳凰侯四靈博局鏡

一一　新莽刻婁銘四靈博局鏡

24

一二　新莽刻婁銘四靈博局鏡

一三　新莽照匈脅四靈博局鏡

26

一四　東漢七乳瑞獸鏡

一五　東漢吾作變形四葉獸首鏡

28

一六　東漢神人車馬畫像鏡

一七　東漢神人白馬畫像鏡

30

一八　東漢龍虎瑞獸畫像鏡

一九　隋靈山孕寶團花銘帶鏡

32

二二　唐鸚鵡瑞獸葡萄鏡

二〇　唐禽獸葡萄鏡
二一　唐禽獸葡萄鏡

34

二三　唐飛天仙鶴鏡

二四　金菱花形達摩渡海鏡

36

二五　明景泰藍“喜上眉梢”圖案鏡

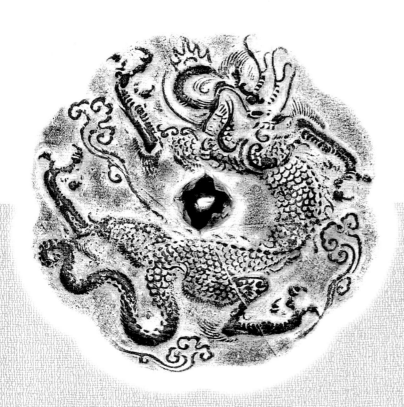

先 ◎ 秦 ◎ 鏡

38

中國歷史上有"黃帝鑄鏡"的說法。據《黃帝內經》載:"帝與王母會於王屋,乃鑄大鏡十二面,隨月用之。"

1934年在河南安陽侯家莊殷墓中出土一面殷代青銅鏡,1976年在安陽小屯殷墟中又出土四面殷鏡,這將銅鏡起源的年代提到了三千多年前。1975年甘肅廣河齊家坪的古墓中出土一面素鏡,1976年青海貴南朵馬臺的古代墓葬中出土一面銅錫合金(10:1)成分的七角星紋青銅鏡。至此,我國銅鏡史上溯到了新石器時代的齊家文化,距今四千多年,這與黃帝鑄鏡的年代已相距不遠。

周代是一個"禮制"時代,青銅禮器鑄造達到鼎盛。銅鏡製作雖遠不如禮器,卻也出現素面鏡、重環紋鏡、禽獸紋鏡三種類型,從而奠定了中國銅鏡美學造型的基礎。

戰國時期是中國古代社會劇烈變動的時期,百家爭鳴,文化藝術空前繁榮。在應用工藝各個門類取得巨大成就的同時,銅鏡製作也進入了瑰麗多姿、豐富多彩的成熟期。

秦始皇統一中國、統一文字、統一度量衡,也有一些關於銅鏡的記載,但至今未見秦鏡實物。

按孔祥星、劉一曼《中國古代銅鏡》一書的分類,戰國鏡共有十三類,爲素鏡、純地紋鏡、花葉鏡、山字鏡、菱紋鏡、禽獸紋鏡、蟠螭紋鏡、羽鱗紋鏡、連弧鏡、彩繪鏡、透雕鏡、金銀錯紋鏡和多紐鏡。

本書收錄先秦(含秦)鏡共八面。

## 一　商周素鏡

直徑 6.4 厘米，重量 56 克，$m$ 值 1.75。緣厚 0.25～0.3 厘米。

圓形，弓形紐。圓整度較差，鏡面無凹凸，製作工藝簡單。

衆所周知，銅鏡問世的最早年代是四千年前之齊家文化。根據資料顯示，齊家文化以後的千餘年中，各地出土銅鏡約百面，既有素鏡，也有各不相同的幾何紋鏡。這説明在銅鏡起源之始，不僅注重實用，而且講究美觀。此鏡年代應是商末至西周，同時代器物以素鏡居多，缺乏幾何紋，少有重環紋，罕見禽獸紋。事實證明，這個時期用作祭祀的青銅禮器數量很多，且鑄造精美。而同時代的銅鏡却顯得較爲原始，應是照容仍多用盛水銅鑒之故。

40

## 二　周素鏡

　　直徑 8.3 厘米，重量 33 克，$m$ 值 0.61。緣厚 0.09 厘米。

　　圓形，橄欖形紐。此鏡圓整度規範，邊緣處略有凸起，可見加工痕跡。鏡體輕薄，應屬早期銅鏡的典型器物。流行時間較長，年代定爲西周和東周（春秋）皆可。

　　此類素鏡製作粗陋，在當時有一定代表性。$m$ 值小，説明銅材稀少，鑄鏡時用料節約。當時生産水平低下，有限的國力以及礦産、工匠祇能爲皇室和諸侯等少數人服務，普通日常生活用品難出精品，當在情理之中。

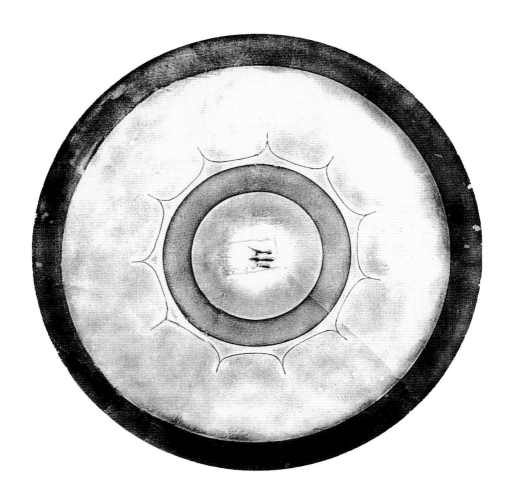

### 三　春秋、戰國素地十一連弧紋鏡（搨本）

直徑 16.3 厘米（東周尺七寸），重量 241 克，$m$ 值 1.15。緣厚 0.33 厘米。

圓形，三弦紐，紐外有極淺雙綫方格，鏡身平展。此鏡與《岩窟藏鏡》圖 35 鏡相似，鏡面爲呈現綠色斑點之黑漆古。《岩窟藏鏡》一書稱："秦初作淮域出土"。

查《中國科技史·度量衡卷》，東周一尺約合今天的 23.1 厘米，這是中國歷史上有據可查的最早的標準尺度。此鏡直徑合東周尺七寸，整數現象絕非偶然。其雖不見於《中國銅鏡圖典》（以下簡稱《圖典》），但與《圖典》圖 12 相似，年代似應爲春秋、戰國時期。

42

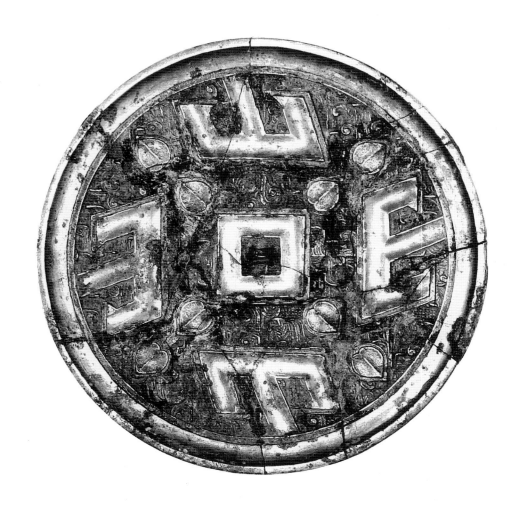

## 四　戰國四山鏡

　　直徑 11.7 厘米（戰國尺五寸），重量 209 克，m 值 1.92。緣厚 0.5 厘米。

　　圓形，三弦紐，方紐座。座周圍以凹面帶方格。鏡背紋飾由主紋與地紋組合而成，地紋爲羽狀紋。在紐座四角，向外各伸出四組兩個相接的花瓣，將鏡背分成四區，其中各有一"山"字紋。內凹弧直立邊，素緣。此鏡與湖北鄂城出土之鏡相似，鏡面爲水銀古包漿，鏡體碎裂成多塊，斷面處已呈"酥餅"狀。

**五　戰國四山鏡（搨本）**

　　山字鏡在戰國較爲普遍，有三山、四山、五山、六山鏡不等，其中以四山鏡最爲常見。關於"山"字紋飾的考證，比較可靠的解釋是"山"字象徵大山。在中國神話傳説中，人居地面，神居天上，人世受上天管轄。高山聳立，離神仙最近，因此，中國自古就有封山祭祀的習俗。山字鏡反映古人的崇山思想。此鏡直徑爲戰國標準尺之五寸，結合春秋、戰國十一連弧紋鏡的標準化，可見中國古代銅鏡的標準化由來已久。

44

## 六　戰國、西漢四龍菱紋鏡

　　直徑 14.5 厘米，重量 177 克，*m* 值 1.07。緣厚 0.45 厘米。

　　圓形，三弦紐，圓形紐座。座外圍以一圈清晰的雲雷地紋。座外兩周凹面形寬帶（含凸弦紋）之間，是佈有雲雷地紋的主紋區。主紋爲四龍紋，四龍皆引頸昂首，對天長吟。其前肢粗壯，龍爪銳利，一爪上舉，一爪按地。龍身中部緊貼鏡緣，龍尾作 C 形蜷曲。四組菱紋兩兩相對，兩組爲標準的連貫式，兩組簡化成 V 形，勾連龍尾。內凹弧直立邊，凹素緣。此鏡問世年代早至戰國晚期，晚至西漢初年。

七　戰國、西漢四龍菱紋鏡（搨本）

　　中國龍文化源遠流長，自河南濮陽新石器晚期仰韶文化的蚌塑龍算起，距今已有六七千年，而在銅鏡中出現龍紋，却以戰國時期爲最早。本書採用目前約定俗成的稱謂，將蟠螭紋中頭部特徵明顯的稱作龍紋；頭部特徵不明顯的稱作螭紋；頭部看不清楚或是沒有的稱作虺紋。此鏡特點：1. 此類鏡龍紋常見三組，少見四組；2. 兩組 V 紋及其間裝飾符號，與衆不同。

46

## 八　戰國、西漢三葉蟠螭菱紋鏡（搨本）

　　直徑 17.2 厘米，重量 307 克，m 值 1.32。緣厚 0.48 厘米。

　　圓形，三弦紐，圓形紐座。座外圍以一圈細雲雷地紋。座外兩周凹面形寬帶（含短斜綫紋）之間，是佈有雲雷地紋的主紋區，地紋渦狀由內向外呈順時針方向旋轉。主紋爲三葉紋。

　　西漢草葉紋鏡是本書重點之一。有學者提出，與其說是草葉紋，不如說是麥穗紋（或稷紋）。此鏡葉紋形似花蕾，爲草葉紋的源頭，中間的過渡紋飾即麥穗芽紋。此類蟠螭鏡或爲葉紋，或爲菱紋。此鏡二者兼有，再以蟠螭勾連，頗爲獨特。據《中國古代銅鏡》記："菱紋鏡的出現，晚於四山鏡。"

## 九　秦八連弧蟠螭紋鏡（搨本）

直徑 19.7 厘米，重量 402 克，m 值 1.32。緣厚 0.51 厘米。

圓形，金字塔形弦紐，圓紐座。外圍雲雷紋、凹面圈帶、繩紋。地紋爲渦紋和三角雷紋組成的雲雷紋，上有螭紋和夔紋。螭紋和夔紋上又被八個連弧凹面圈帶疊壓。八連弧的交角與繩紋圈相接，將弧外分成八區，相間排列四個頭部明顯的螭龍。寬卷素緣。

此類鏡紋飾少有雷同。《故宮藏鏡》圖 11 鏡爲八連弧外四螭四虎内四鳥八夔，《長安漢鏡》圖 8 鏡爲七連弧外三奔馳螭四卷曲螭，《上海博物館藏青銅鏡》（以下簡稱《上博藏鏡》）圖 25 鏡爲八連弧外四螭四鳳兩兩相間。

48

## 一〇　秦、西漢素地七連弧紋鏡

直徑 17.7 厘米，重量 250 克，*m* 值 1.07。緣厚 0.15 厘米。

圓形，拱形三弦紐。紐座外圍以凹面環形帶。其外有凹面寬帶圍成的七內向連弧圈，連弧外角尖直抵鏡緣。寬邊素緣。此鏡與四川成都洪家包出土西漢前期之鏡相似，其年代應為戰國晚期至漢初，《岩窟藏鏡》則定為秦初。

西漢前期，與蟠螭鏡同時，出現了一些素地或帶有各種地紋的連弧紋鏡，有的還帶有蟠螭紋或龍紋、鳳紋。迄今所知的連弧紋數有七個和八個兩種。另外，此鏡素地處呈現明顯的鑄造收縮紋，凹面環形帶和連弧圈帶處呈現光亮的加工痕跡。

貳

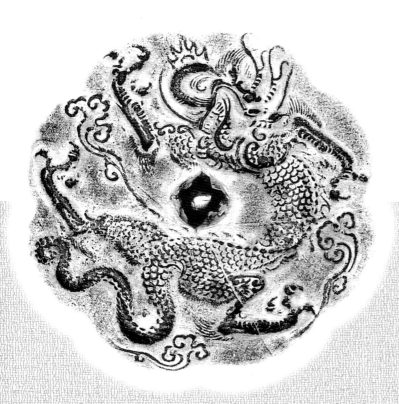

西 ◎ 漢 ◎ 鏡

*50*

公元前 206 年，劉邦建立西漢王朝。文景時期，政治上奉行"無爲而治"，經濟上實施"輕徭薄賦"，百姓得以休養生息。銅鏡製作不再沿襲戰國時期的"楚式鏡"，而是開創了自身的發展道路。楚漢文化一脉相承，漢鏡上有楚文化的烙印，當在情理之中。西漢早期紋飾鏡主要是蟠螭紋鏡，後逐漸由圖形裝飾發展至銘文裝飾，出現以文字爲主體紋飾的常貴銘方格蟠虺鏡、日光銘方格蟠虺鏡等銘文鏡的新品種。

經濟的繁榮，社會的穩定，使銅鏡製作步入了繁盛期。在銅鏡的審美觀念上，表現出一種務實和大氣。西漢"重農"、"貴粟"的政策，在銅鏡上也有所體現，如出現主紋飾爲麥穗紋（或稷紋）的草葉紋鏡。這是銅鏡種類中一個重要的大系統，分紋飾鏡和銘文鏡兩大類。草葉銘文鏡制式規範，其直徑大多是漢標準寸（今 2.31 厘米）的整數倍。本書列有漢尺五寸、六寸、七寸、八寸鏡及附錄九寸鏡共五種規格。規整華美的草葉銘文鏡以文字爲主體紋飾，繆篆書體，盛行期標準器的 $m$ 值在 $1.5 \sim 2$ 之間。

武宣兩代，國家富强，文化昌盛，銅鏡也進入了百花齊放的時代。日光鏡皆小鏡，昭明鏡以中小鏡爲主，這兩類鏡在數量上佔據了西漢鏡的主導地位，大衆化與平民化的傾向甚爲明顯。清白鏡、君忘忘鏡、銅華鏡、日有喜鏡、君有遠行鏡等皆爲大鏡，標準尺整數倍的現象不再出現，盛行期標準器的 $m$ 值在 $2.5 \sim 3.5$ 之間。鑄製精良的大鏡多係官製。

西漢晚期，社會矛盾激化，銅鏡鑄製出現了魚龍混雜的局面，品種更多，僅四乳制式，就有四虺鏡、龍虎鏡、八禽鏡、家常貴富鏡等多個鏡種。

僅就銘文書法而言，西漢鏡文字從小篆—繆篆—簡隸—隸書的發展過程，基本上完成了中國古文字演變到今文字的"隸變"。

本書收錄西漢鏡共三十五面。

一一　西漢大樂貴富蟠螭紋鏡

　　直徑 13.5 厘米（漢尺六寸），重量 272 克，m 值 1.9。緣厚 0.74 厘米。

　　圓形，三弦紐，雙龍紐座。座外圍以雙綫圈帶。其間爲順時針方向十一字小篆體銘文：
“大樂貴富，千秋萬歲，宜酒食。”迄今所見的圓紐座大樂貴富鏡，基本類同。這一時期的
大樂貴富鏡和愁思悲鏡，雖在鏡面上已出現文字，但文字祇作爲陪襯，佔有的面積較小。
因文字不是主體紋飾，所以不應稱爲“銘文鏡”。

　　日本學者在《蟠螭紋的文化史》一書中提出，草葉鏡之草葉紋即麥穗紋，起源於麥穗
芽紋，類似本鏡紋飾。麥穗芽紋又起源於花蕾紋。

52

一二　西漢大樂貴富蟠螭紋博局鏡（搨本）

　　直徑 13.6 厘米（漢尺六寸），重量 172 克，*m* 值 1.17。緣厚 0.54 厘米。

　　圓形，三弦紐（殘），雙龍紐座。座外圍以雙綫方框，框內有順時針方向十五字銘文："大樂貴富，得所好，千秋萬歲，延年益壽"。銘文首尾之間有一作為起訖符號的小魚紋。方框外四邊中點處伸出一個 T 形，與鏡緣的 L 形紋相對，TLV 紋均為細密的四綫式。對此紋飾學界歷來稱謂不一，或稱博局紋，或稱規矩紋，或稱六博紋，或稱八極紋。直立邊，卷素緣。此類鏡無論尺寸大小，其圖案比例基本相同。

一三　西漢大樂貴富蟠螭紋博局鏡（局部、搨本）

　　此鏡是中國早期的文字鏡，也是中國早期的博局鏡，故影響深遠。雖係文字鏡，但文字不是銅鏡的主體紋飾，鏡銘框內（除鏡紐）面積僅佔整個銅鏡面積的百分之十左右。此鏡與河北滿城中山靖王劉勝之妻竇綰墓出土之鏡相似，唯規格偏小，然“麻雀雖小，五臟俱全”。其文字書體圓轉，是標準的小篆。《巖窟藏鏡》將此類鏡的年代定爲秦末。

54

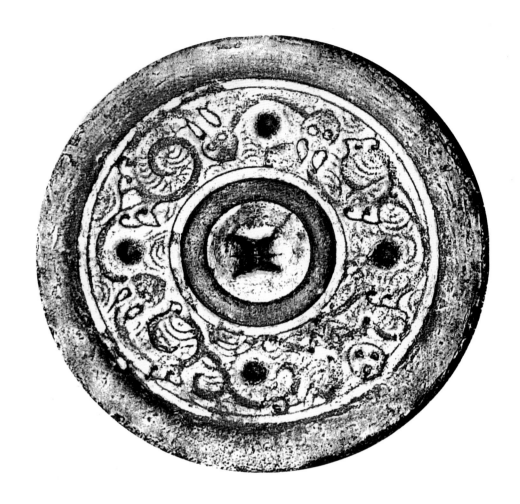

一四　西漢四乳獸面蟠螭紋鏡（搨本）

　　直徑 8.1 厘米，重量 60 克，$m$ 值 1.15。緣厚 0.32 厘米。

　　圓形，三弦紐。紐座外圍以凹面環形帶。紋飾由主紋與地紋組合而成，地紋爲雲雷紋，主紋爲不對稱分佈的四組獸面蟠螭紋，其中三獸似兔，一獸似猴，前所未見。

　　此鏡可研討之處頗多：1. 三弦紐、四乳釘與寬卷素緣同處一鏡，形制的年代似跨越戰國時期至西漢；2. 四個獸面奇特；3. 主紋作不對稱分佈。

一五　西漢圈帶疊壓蟠螭紋鏡（搨本）

　　直徑 12.4 厘米，重量 140 克，$m$ 值 1.16。緣厚 0.43 厘米。

　　圓形，三弦紐，圓紐座。座外圍以凹面圈帶。地紋爲螺旋放射紋，主紋爲四組蟠螭紋呈纏繞狀。蟠螭紋上疊壓以一周凹面圈帶，圈帶上對稱排佈四枚乳釘紋。卷素緣。鏡面爲典型的水銀古包漿。

　　此類鏡多以變形蟠螭紋爲主紋，再繁複者則襯以四片桃形花瓣作點綴。此鏡風格與廣州西漢前期墓出土之鏡相似。

56

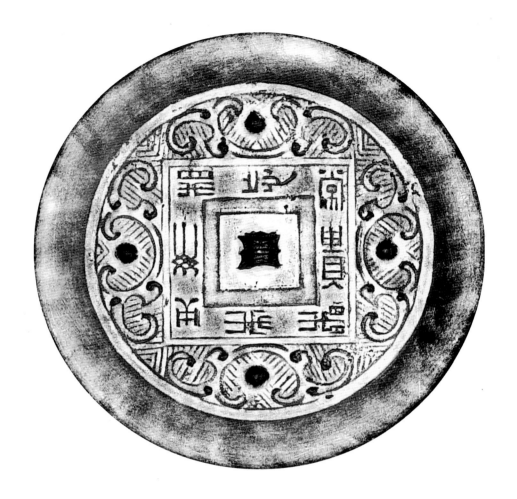

一六　西漢常貴銘方格蟠虺紋鏡（搨本）

　　直徑 8.6 厘米，重量 41 克，m 值 0.71。緣厚 0.19 厘米。

　　圓形，三弦紐。紐外圍以凹面小方框及雙綫大方框，兩方框間有作爲主紋的銘文，順時針方向八字連讀爲"常貴，樂未央，毋相忘"。銘文書體係小篆改圓轉爲方折，是繆篆的雛形。紋飾由地紋與蟠虺紋組合而成，地紋爲斜綫紋及重疊三角紋。卷素緣。

　　此鏡與《圖典》圖 176 鏡紋飾幾無差異，僅銘文方向相反。《岩窟藏鏡》將此類鏡的年代定爲秦末。

一七　西漢日光銘方格蟠虺紋鏡（搨本）

直徑 7.3 厘米，重量 19 克，$m$ 值 0.45。緣厚 0.15 厘米。

此鏡紋飾與前鏡類似，唯銘文內容爲 "見日之光，天下大明"。同類鏡中，《岩窟藏鏡》中鏡之銘文爲 "見日之光，所言必當"；遼寧西豐西漢墓出土鏡銘文爲 "見日之光，長毋相忘"。本鏡銘文與同類鏡均不同，却與以後的標準日光鏡相同，應爲西漢中期繾問世之日光鏡的源頭器物。此鏡的銘文面積佔鏡面百分之二十以上，銘文已完全是主體紋飾，應可稱爲銘文鏡。其字體書法是最早的繆篆。

此鏡鏡體輕薄，加之脫胎失重，以致 $m$ 值小到難以置信的 0.45。

58

## 一八　西漢雙龍鏡

　　直徑 9.9 厘米，重量 106 克，$m$ 值 1.38。緣厚 0.31 厘米。

　　圓形，圓紐，四葉紋紐座。座外圍以一圈繩紋。主紋爲岩畫式的單綫雙龍，呈隔紐相對狀。龍的雙眼、嘴、鼻凸出，龍爪極其鮮明。四乳釘均佈在龍身和龍首尾處。卷素緣。此鏡曾不慎斷裂，斷口呈“酥餅”狀。鏡面包漿顔色豐富多彩。青銅器鑒賞中，常有“紅銅、綠銹、孔雀藍”的説法。此鏡大面積的紅銅地子中，伴以局部綠銹，雖無孔雀藍，却有局部水銀古包漿。

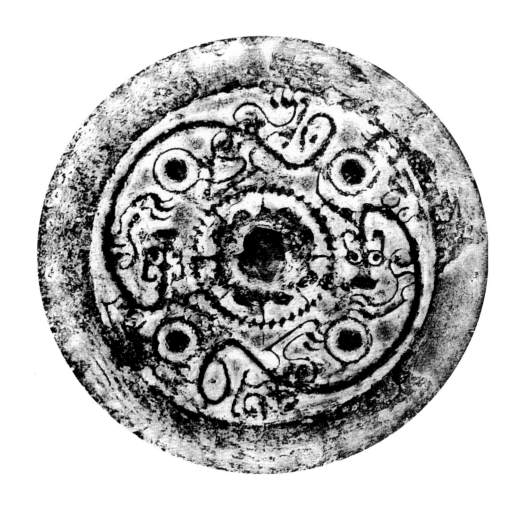

一九　西漢雙龍鏡（搨本）

　　華夏民族的崇龍歷史悠久，但在西漢早期銅鏡上出現如此具象、寫實的龍紋，似不多見。此鏡龍紋雖係岩畫速寫式簡體單綫龍，然綫條簡而有神，栩栩如生。

　　在年代相近的草葉鏡紋飾中，常見類似此鏡龍紋的各種小型龍紋圖案。可以說，這兩個鏡種中的龍紋圖案有着重要的聯繫，祇是此鏡的年代比草葉紋鏡要早。

60

二〇　西漢四花瓣蟠螭紋鏡（搨本）

　　直徑 16.9 厘米，重量 295 克，*m* 值 1.32。緣厚 0.45 厘米。

　　圓形，三弦紐。紐外圍一凹面圈帶，在以圓渦紋爲地紋的主紋區內，由四乳釘分割爲四區，并巧妙以乳釘爲花蕊，圍繞乳釘配以四片凹面桃形葉瓣，組合成四朵花。在分割的各區內，分別配置相同的蟠螭紋。卷素緣。

　　此鏡直徑大，紋飾繁複清晰，屬於典型的"螭"、"虺"難辨鏡。其紋飾綫條、形制和藝術風格與大樂貴富鏡相類，故當爲西漢早期之器物。四花紋飾與河北滿城中山靖王劉勝墓出土之草葉紋鏡相似。

二一　西漢四花瓣銘文鏡〔搨本〕

　　直徑 12.5 厘米，重量 172 克，*m* 值 1.4。緣厚 0.52 厘米。

　　圓形，圓紐。紐外圍以兩個凹面方框，其間按逆時針方向均佈十二字小篆變體銘文：
"見日之光，天下大陽，服者君卿"。外框外四邊中心各有一個帶瓣花苞。卷素緣。

　　鏡無紐座，形似古幣，年代應比草葉鏡要早。

62

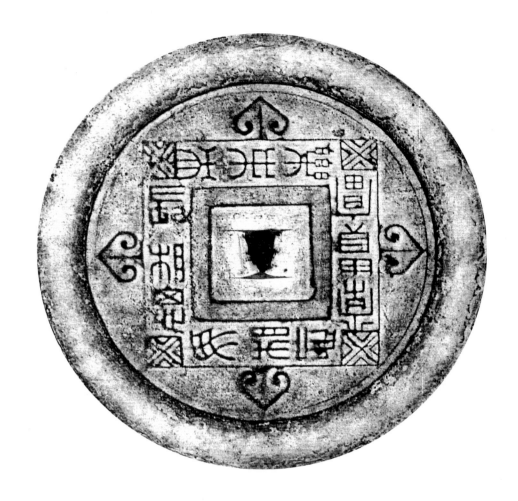

## 二二　西漢四葉銘文鏡（搨本）

　　直徑 10.3 厘米，重量 110 克，*m* 值 1.33。緣厚 0.51 厘米。

　　圓形，三弦紐。紐外圍以凹面方框及細綫方格，兩者間以逆時針方向環繞排列十二字小篆變體銘文："長相思，毋相忘；常貴富，樂未央"。四角處爲對三角圖案，方框四邊中心處各向外伸出一片葉瓣紋，以爲襯托和點綴。卷素緣。

　　此鏡形制如同外圓內方的古錢幣，書體爲部分方折的小篆體。銘文書體及內容與四川成都出土的四花葉鏡完全相同，但紋飾簡潔得多。同類鏡一般無大鏡。

二三　西漢四乳草葉銘文鏡（搨本）

　　直徑 8.3 厘米，重量 60 克，$m$ 值 1.05。緣厚 0.26 厘米。

　　圓形，兩弦紐。紐外圍以凹面方框，方框四角各伸出一組雙疊草葉紋。主紋以均佈的四乳釘與草葉分割爲八區，其中各嵌一字，共八字。銘文云：“見日之光，天下大明。”按逆時針方向排列。卷素緣。

　　此鏡與 1971 年陝西千陽漢墓出土之鏡類同，書體爲規範的小篆體。同類鏡在西漢中期的資料中多有記載。此鏡應係標準日光鏡之始。就草葉紋飾而言，其年代當在草葉鏡盛行期之前。

64

## 二四　西漢四花瓣銘文鏡

　　直徑 11.2 厘米（漢尺五寸），重量 194 克，$m$ 值 1.97。緣厚 0.3 厘米。

　　圓形，三弦紐，圓紐座。座外依次爲一周短斜綫紋、凹面圈帶和雙綫大方格，方格內逆時針方向均佈十六字“準繆篆”書體銘文，連讀爲“與天無亟（極），與地相長，驩（歡）樂如言，長毋相忘”。花瓣（花葉、花卉）鏡在戰國時期已有出現，但在武帝時基本不見。此鏡年代疑在文景之治時期，當爲草葉紋鏡問世前不久的承前啓後鏡種。在西漢銘文鏡中，此鏡的三弦紐年代應係最晚，十六連弧紋緣該是最早。其文字書體基本上完成了由小篆至繆篆的演變。

**二五　西漢四花瓣銘文鏡（搨本）**

　　關於此類鏡銘文的資料查到多處，首句與末句完全一樣，中間兩句則大同小異，如《歷代著録吉金目》頁 1248 爲"與美相長，歡樂如志"；《浙江省出土銅鏡》頁 34 和《銅鏡》頁 141 兩處皆係"與地相長，歡樂未央"。博局山房藏鏡和《長安漢鏡》圖 10－2 鏡係同模，中間兩句是"與美相長，歡樂相志"。此鏡主要特點在於精美的書法：1. 銘文書法在總體上屬小篆；2. 小篆特點爲圓轉，此鏡銘文字形却多方折，可謂"小篆結構，繆篆形態"；3. 銘文中僅"天"字多圓轉，其第一筆兩端下垂，狀如懸針；4. 銘文"巫"字筆畫完全方折，已是標準繆篆。

66

## 二六　西漢四乳草葉銘文鏡

直徑 18.2 厘米（漢尺八寸），重量 430 克，*m* 值 1.65。緣厚 0.46 厘米。

圓形，圓紐，四葉紋紐座。座外圍以兩個凹面方框，其間以逆時針方向繞紐分佈十六字繆篆體銘文："日有喜，宜酒食，長富貴，願相思，久毋見忘"。方框外各邊中心處皆置一乳釘，乳釘兩側各有一組雙叠草葉紋。内向十六連弧紋緣。

草葉銘文鏡方框四角的幾何圖案少有雷同，起到均勻分佈與美化補白的效果。草葉紋鏡製作規範，版模精緻，品種繁多，銘文突出，是中國銅鏡史上有劃時代意義的大鏡種。此鏡是典型的草葉紋鏡，風格與河北滿城中山靖王劉勝墓出土之鏡相同，祇是銘文内容略有差異。

二七　西漢四乳草葉銘文鏡（搨本）

　　草葉銘文鏡在西漢早中期面世，是中國最早的系列化正規文字鏡。銘文書體已從圓轉
的小篆演變到中國最早的方塊字——繆篆。此類鏡的盛行期標準器物多爲標準寸（今2.31
厘米）之整數倍，而且從大到小形成系列。成都青白江區出土之鏡直徑是漢尺十寸，河北
滿城劉勝墓出土之鏡和本書附録中的銅華（錯刀）四靈博局鏡是漢尺九寸，此鏡是漢尺八
寸。現存世所見之鏡多爲漢尺七寸、六寸、五寸，少見八寸或八寸以上屬王侯公卿所用的
大鏡。草葉鏡銘文字數多爲八字、十二字，少見四字、十六字。

68

## 二八　西漢四乳草葉銘文鏡

　　直徑 16.1 厘米（漢尺七寸），重量 473 克，$m$ 值 2.32。緣厚 0.4 厘米。

　　圓形，伏獸紐。紐外爲兩個凹面方框，其間以順時針方向繞紐分佈八字繆篆體銘文：
"見日之光，天下大明"。方框外四邊中心處各有一枚乳釘。乳釘兩側各有一組雙疊草葉紋。
方框四角各伸出一枝雙葉含苞花枝紋。內向十六連弧紋緣。

　　此鏡不是圓形紐，$m$ 值偏高，製作略顯粗糙，應不是盛行期的標準器物，疑爲西漢中
晚期或東漢時的再鑄之鏡。

二九　西漢四乳草葉銘文鏡（搨本）

　　西漢草葉銘文鏡在盛行期的標準器物極爲規整，除尺寸成系列外，$m$ 值範圍也有規律，一般在 1.5~2 之間。此後的昭明大鏡、清白鏡、君忘忘鏡、銅華鏡、日有喜鏡、君有遠行鏡等鑄製精良的大尺寸鏡多係官鑄，其 $m$ 值一般在 2.5~3.5 之間。自草葉紋鏡之後，銅鏡由薄輕趨向厚重。日光鏡和昭明小鏡多係民間鑄製，與此規律無關。

　　從草葉鏡開始，地紋消失，主紋突出。草葉銘文鏡框（除紐座）面積一般佔整個銅鏡面積的百分之二十以上，這個數字是秦漢之際的大樂貴富蟠螭鏡的一倍左右。

70

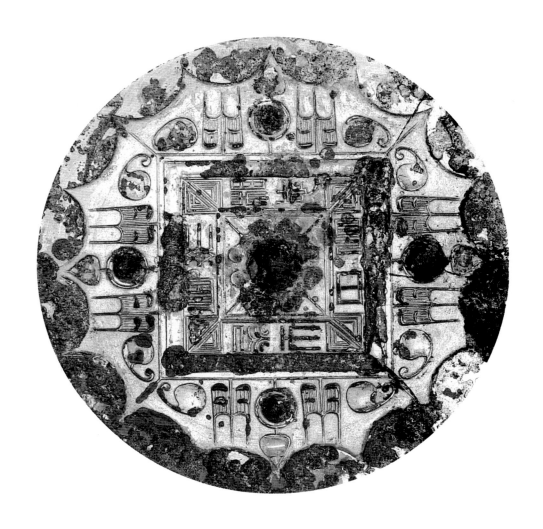

### 三〇　西漢四乳草葉銘文鏡

　　直徑 13.8 厘米（漢尺六寸），重量 240 克，$m$ 值 1.63。緣厚 0.36 厘米。

　　圓形，圓紐，四葉紋紐座。座外圍以兩個凹面方框，其間按順時針方向環紐均佈八字繆篆體銘文：“見日之光，長毋相忘”。方框外四邊中心處各有一枚乳釘。乳釘兩側各置一組雙疊的草葉紋（麥穗紋）。方框四角各向外伸出一雙瓣花枝紋。內向十六連弧紋緣。

　　漢尺六寸即 13.8 厘米，這個尺寸在以後歷代被使用得最多。

三一　西漢四乳草葉銘文鏡（搨本）

　　草葉鏡不僅構圖大氣，紋飾有序，而且製作精良，文字規整。無論字數多寡，少有通假、減筆、反向、缺部首、錯別字。關於草葉鏡中的草葉紋，歷來説法不一。有人認爲是火焰紋，此論似依據不足。孫機和日本學者認爲是麥穗紋，且是由麥穗芽紋演變而來。其出現與西漢初年"重農抑商"、"以農爲本"等國策有關。在古代以稷（或黍屬或粟屬）爲百穀之長，並將之奉爲穀神。草葉紋鏡之主題紋飾如認定爲稷紋，似乎更符合歷史真實。草葉鏡出現并流行於西漢早中期。此鏡 $m$ 值小於 2，製作精良，當屬盛行期標準器物。

72

### 三二　西漢四乳草葉銘文鏡

　　直徑 11.5 厘米（漢尺五寸），重量 143 克，$m$ 值 1.4。緣厚 0.31 厘米。

　　圓形，圓鈕，四葉紋鈕座。座外圍以細綫方格紋和凹面方框各一周，其間環鈕四邊按順時針方向均佈八字繆篆體銘文：“見日之光，長樂未央”。方框外四邊中點處各有一枚乳釘，釘外接一花苞，乳釘兩側各有一組單疊草葉紋（麥穗紋）。方框四角各向外伸出一雙瓣花枝紋。內向十六連弧紋緣。

**三三　西漢四乳草葉銘文鏡（搨本）**

　　從西漢草葉鏡開始，以文字爲主體的主紋突出，增加了銅鏡的文化内涵，令使用者有焕然一新之感。在八字草葉銘文鏡中，前四字大多爲"見日之光"，後四字多爲"天下大明"。另外，還有"天下大陽"、"長毋相忘"、"長樂未央"、"明者君王"等。漢尺五寸，是草葉銘文鏡中最小規格的標準器物，小於漢尺五寸的草葉銘文鏡幾乎不見整數倍現象。

74

### 三四　西漢四乳草葉銘文鏡

　　直徑 10.2 厘米，重量 102 克，*m* 值 1.25。緣厚 0.28 厘米。

　　圓形，三弦紐。紐外圍以凹面方框和細綫方格各一周，其間按逆時針方向環紐均佈八字繆篆體銘文："天上見長，心思君王"。框外四個帶座乳釘均匀分佈形成四區，每區主紋飾皆爲單疊草葉紋，兩側各有一片卷葉。内向十六連弧紋緣。

　　此鏡銘文内容在草葉紋鏡中較少見。

三五　西漢四乳草葉銘文鏡（搨本）

　　傳說伏羲氏爲農耕觀天象，最早提出了"天圓地方"之說。西漢草葉紋鏡的基本圖形
就是"天（鏡形）圓，地（方框）方"。在將草葉紋看作是麥穗紋（稷紋）時，由方框外側
伸出的麥穗紋，便寓意着大地生長糧食。這種紋飾佈局顧名思義地代表了"社稷"，也就是
國家。

## 三六　西漢星雲鏡

　　直徑 11.2 厘米，重量 240 克，$m$ 值 2.42。緣厚 0.51 厘米。

　　圓形，連峰紐（由一大八小之九枚乳釘組合而成），圓紐座（由一周弦紋及弧綫構成漩渦狀）。其外圍以内向十六連弧。主紋區被均分的四枚帶圓座乳釘分割成四區。各區内爲一組由五枚小乳釘和曲綫組成的星雲紋。星雲鏡産生和流行的時代在西漢中晚期的武宣之際。有學者認爲，連接乳釘曲綫的水紋是傳統"天蓋説"觀念在銅鏡文化中的反映。

三七　西漢日光重圈鏡（搨本）

直徑 8.7 厘米，重量 165 克，$m$ 值 2.8。緣厚 0.58 厘米。

圓形，圓紐，圓紐座。座外一周凸面圈帶。主紋區是在兩周斜輻射紋之間，按順時針方向配置的八字小篆體銘文：“見日之光，天下大明”。各字間分別間隔以斜“田”字和螺旋紋符號。寬平素緣。

此鏡 $m$ 值高，較厚重，並減去西漢中期銅鏡紐座外的連弧紋，應是西漢晚期之鏡，但銘文書體沿用了西漢早期連弧紋日光鏡的小篆體。此鏡內外區用圈帶間隔，應爲重圈銘文鏡的雛形。

78

### 三八 西漢久不相見連弧紋鏡

　　直徑 7.3 厘米，重量 76 克，$m$ 值 1.8。緣厚 0.34 厘米。

　　圓形，圓紐，圓紐座。座外爲一圈內向八連弧紋，紐座周圍均勻地伸出四條短弧綫。連弧紋外有兩條細弦紋圈帶，其間按順時針方向配置八字銘文："久不相見，長毋相忘"，每字之間隔以斜 "田" 字或螺旋紋符號。字體非篆非隸容易辨識，可稱簡化的篆隸變體。寬素緣。

三九　西漢久不相見連弧紋鏡（搨本）

此鏡完全是日光鏡的制式。日光鏡存世量大，銘文内容各異，起句四字多爲"見日之光"，此鏡以"久不相見"開頭，較少見。查閲《長安漢鏡》共出土九十二面日光鏡，未見類似鏡。

日光鏡盛行的西漢中晚期，正是草葉鏡消失的年代。此鏡銘文内容與草葉銘文鏡相近，由此可以推測，其年代應在日光鏡的初期。文字演變出現簡隸（"忘"字）有兩種含義，一是普及化後有粗糙之嫌；二是銘文功能突出裝飾性。

80

## 四〇　西漢日光昭明重圈銘帶鏡

　　直徑 15.2 厘米，重量 494 克，$m$ 值 2.73。緣厚 0.56 厘米。

　　圓形，圓紐，並蒂聯珠紋紐座。紐座外兩周凸弦紋圈及細弦紋圈將鏡背分爲內外兩區，兩區皆有篆體銘文。內區爲順時針方向八字銘文："見日之光，長毋相忘。"每字之間都夾有一渦形符號。外區爲順時針方向二十四字銘文："內清質以昭明，光輝象乎夫日月，心忽揚而願忠，然塞而不泄。"平素緣。

　　此鏡與《圖典》圖 242 鏡相近，僅外區少"兮"、"雍"字，多"揚"字。

**四一　西漢日光昭明重圈銘帶鏡（搨本）**

　　重圈銘帶鏡內外區的排列組合形式很多，銘文字數一般是根據鏡面大小而定。據《圖典》載："清白銘完整的可達四十七字。"

　　此鏡與《圖典》實例皆說明重圈銘文鏡的篆書尤多圓轉，若干文字的筆畫竟別開生面地全部採用圓弧。這在其他鏡銘中並不多見，似可稱之爲"圓弧篆"。

#### 四二　西漢昭明銘帶鏡

　　直徑 9 厘米，重量 72 克，$m$ 值 1.13。緣厚 0.28 厘米。

　　圓形，圓紐，圓紐座。座外爲内向八連弧紋，連弧與紐座間均佈以短直綫組相連。主紋區兩周輻射紋間，有九字小篆美術體銘文："内清以昭明，光象日月"。字間有 "而" 字。寬平素緣。

　　產生於漢武帝時期，盛行於西漢中晚期直至東漢早期的昭明銘帶鏡，是中國銅鏡史上製造數量多、流行範圍廣、流傳時間長的鏡種。規格略大的昭明鏡，在整體風格上與清白鏡、銅華鏡比較一致。其中，並蒂聯珠紋紐座的鏡型較少，而圓紐座較多，且風格與日光鏡相近。

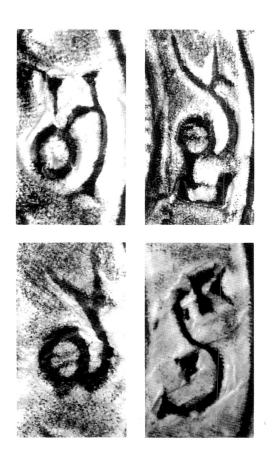

四三　西漢昭明銘帶鏡（局部、搨本）

　　西漢昭明鏡的銅質和鑄造工藝一般變化不大，文字内涵却明顯降低，有"粗製濫造"之嫌。究其原因，當時官府管理較鬆，銅鏡鑄製及使用趨於平民化和大衆化，民間鑄鏡隨意而導致良莠不齊。

　　昭明鏡存世數量大，跨越時間長，其書體最爲豐富，有小篆變體、篆隸變體、裝飾隸書、簡化隸書等。此鏡爲小篆美術體，"以"、"昭"、"明"、"象"四字經過了美術處理。字間多"而"字，應是西漢晚期偏後的鏡型。此鏡有嚴重脱胎現象，$m$ 值很小，鏡體中心已有裂縫。經孫克讓指點，證明其係西漢著名的"透光鏡"。

84

#### 四四　西漢清白銘帶鏡

　　直徑 17.4 厘米，重量 720 克，$m$ 值 3.03。緣厚 0.7 厘米。

　　圓形，圓紐座，並蒂十二聯珠紋紐座。座外圍以一周窄輻射紋與凸面圈帶紋及內向八連弧紋，弧間點綴簡單圖紋。外區兩周輻射紋，其間按順時針方向配置三十一字變體篆隸銘文："絜清白而事君，志汙之合明，玄錫之流澤，恐疏而日忘，美人外承可兌（說），願思毋絕"。鏡中銘文字體簡筆較多。銘文內容有 "美人" 的不多，與《長安漢鏡》圖 31－3 鏡基本相似。

四五　西漢清白銘帶鏡（揚本）

　　西漢文化受楚文化影響頗深，一些銅鏡銘文帶有幽怨追思的楚辭韻味。清白鏡與昭明鏡的銘文多在重圈銘文鏡上合併使用，常爲內圈用昭明鏡銘文，外圈用清白鏡銘文，應注意辨識。其六言八句四十八字的標準內容是"內清質以昭玥，光輝象夫日月，心忽揚而願忠，然壅塞而不泄。慎靡美之窮皚，外承歡之可說，慕窈窕於靈泉，願永思而毋絕"。

86

## 四六　西漢清白銘帶鏡

直徑 15.5 厘米，重量 515 克，$m$ 值 2.72。緣厚 0.58 厘米。

圓形，圓紐，並蒂十二聯珠紋紐座。座外爲一周窄輻射紋及内向八連弧紋，弧間有簡單圖紋作爲點綴。外區有兩周窄輻射紋，其間按順時針方向配置四十二字銘文："絜精（清）白而事君，怨歡之合明，焕玄錫之流澤，恐疏而日忘，慎靡美之窮皚，外承歡之可説，□□泉，願永思而絶"。銘文書體爲多圓轉的裝飾隸書。平素緣。

四七　西漢清白銘帶鏡（搨本）

　　清白鏡始於西漢中期，盛行於西漢晚期。目前所見到的清白鏡大多製作精良，且無小鏡，直徑多在 15～18 厘米。清白鏡 $m$ 值較高，且有變化，規格上按漢尺整寸的現象幾乎未見，原因待考。

　　研究古銅鏡銘文須仔細辨識、揣摩。在此鏡中，銘文末句尾"絕"字前顯然遺漏"毋"字，若望文生義則語意全反。漢字書體演變在清白鏡上已明顯表現出來，這些文字雖無草葉鏡銘文繆篆書體的嚴謹，但也表明西漢晚期的漢隸正走向成熟，體現了文字演變的一大進步。

88

四八　西漢清白銘帶鏡

　　直徑 14.5 厘米，重量 355 克，$m$ 值 2.15。緣厚 0.5 厘米。

　　圓形，圓紐，並蒂十二聯珠紋紐座。座外爲一周窄輻射紋與凸面圈帶及内向八連弧紋，
弧間有簡單圖紋作爲點綴。外區有兩周窄輻射紋，其間按順時針方向配置二十七字銘文：
"絜清白而事君，志歡之合明，□玄錫之流澤，恐疏遠而日忘，而可説兮"。此鏡銘文書體
爲多方折的裝飾隸書。平素緣。

四九　西漢清白銘帶鏡（搨本）

　　西漢中晚期流行大規格的文字鏡，其圓紐、聯珠紋紐座、輻射紋、內向連弧紋等鏡心裝
飾基本相同，相互之間的差異主要是銘文內容不同。常見的銘文內容至少有五種，除清白鏡、
銅華鏡外，還有君忘忘鏡、日有喜鏡和君有遠行鏡。其中前兩種多見，後三種則較少見。更
少見的銘文內容，重圈銘文鏡中有"皎光"銘鏡，雲雷紋鏡中則有"清光宜佳人"銘鏡等。

五〇　西漢銅華銘帶鏡

　　直徑 18.9 厘米（漢尺八寸），重量 965 克，$m$ 值 3.43。緣厚 0.66 厘米。

　　圓形，圓紐，並蒂十二聯珠紋紐座。紐座以凹面素地紋將相鄰的三個聯珠合成一組，共四組拱紐而圍。座外爲斜輻射紋與凸面圈帶及内向八連弧，弧間點綴簡單紋飾。外區有兩周斜輻射紋，其間按順時針方向配置三十六字銘文："湅治銅華清而明，以之爲鏡宜文章，延年益壽去不祥，與天無極如日月之光，千秋萬歲，長樂"。此鏡銘文首尾有字形區分符號，末句應缺"未央"兩字。書體爲規範的漢隸，文字筆畫稍有簡化。寬平素緣。

　　此鏡歷經兩千餘年，紋飾未傷。通體黑漆古包漿。

### 五一　西漢銅華銘帶鏡〔搨本〕

銅華鏡形制雖與清白鏡類同，但銘文句式仿效楚辭的色彩已經減弱，內容由讚美銅鏡材質、功能開始轉為祈盼避凶趨吉、益壽延年的吉祥語。若將此鏡銘文句尾符號視讀為"兮"，則更易領會銘文的意境及鑄製的用心。

此鏡年代應在西漢中期。"千秋萬歲"一詞貫穿銘文鏡的千年歷史，早至秦漢之際的大樂貴富蟠螭紋博局鏡，晚到五代十國的千秋萬歲銘文鏡。

92

**五二 西漢銅華銘帶鏡（搨本）**

　　直徑 18.7 厘米（漢尺八寸），重量 922 克，$m$ 值 3.35。緣厚 0.65 厘米。

　　圓形，圓紐，並蒂十二聯珠紐座。紐座以凹面素地紋將相鄰的三個聯珠合成一組，共分四組拱紐而圍。座外爲斜輻射紋與凸面圈帶及内向八連弧，弧間點綴簡單紋飾。外區有兩周斜輻射紋，其間按順時針方向配置四十字漢隸銘文："涑治銅華清而明，以之爲鏡宣文章，延年益壽辟不祥，與天無極如日光，千秋萬歲，長樂未央，長毋相忘"。寬平素緣。

　　在西漢晚期，根據同形制、同紋飾的銅鏡系列分析，銅華鏡的延續使用年代最長。在同類鏡中，此鏡語句較完整。

五三　西漢銅華銘帶鏡（搨本）

　　直徑 15.3 厘米，重量 605 克，m 值 3.29。緣厚 0.51 厘米。

　　圓形，圓紐，四葉紋紐座。座外爲一周斜輻射紋與凸面圈帶及內向八連弧，弧間點綴簡單圖紋。外區按順時針方向配置二十八字漢隸銘文：“涑治銅華清明而，以之爲鏡因宜文章，延年益壽而去不祥，與天無極而。”寬平素緣。

　　草葉紋鏡是中國規整銘文鏡始祖，其形制、紋飾、m 值、標準尺整數倍現象等，都規整有序，唯銘文方向性隨意。而後的日光鏡、昭明鏡、清白鏡、日有喜鏡等，在規整有序上均不及草葉鏡，然其銘文的方向性却皆爲順時針方向，這個特點一直延續到新莽銘文鏡。

## 五四 西漢日有喜銘帶鏡

直徑 14.6 厘米，重量 481 克，*m* 值 2.22。緣厚 0.56 厘米。

圓形，圓紐，並蒂十二聯珠紋紐座。座外有三周窄輻射紋及一圈凸弦紋帶，凸弦紋外爲内向八連弧紋帶，連弧間及頂部均有裝飾紋樣。兩周短斜綫紋間按順時針方向均佈三十二字隸書銘文："日有喜，月有富，樂毋事，宜酒食，居而必安，毋憂患，竽瑟侍，心志歡，樂以茂兮，固常然。"寬素緣。

此鏡形制、銘文内容及文字書體均與《長安漢鏡》圖 33 鏡相近。

五五　西漢日有喜銘帶鏡（搨本）

　　《長安漢鏡》圖33鏡，銘文共三十四字。其曰：“日有喜，月有富，樂無有事，宜酒食，居而必安，無憂患，竽瑟侍兮，心志歡，樂以茂極，固常然。”《陳介祺藏鏡》圖36鏡也爲此類鏡。

　　楚漢文化一脉相承。從銘文内容看，昭明鏡、清白鏡、君忘忘鏡等與楚文化關係密切，而銅華鏡、日有喜鏡、君有遠行鏡等則趨向現實生活，屬於同一系列的西漢連弧銘帶鏡。本鏡銘文書體雖略有簡筆，却爲工整方折的隸書，説明在西漢中晚期時，隸書已趨成熟。日有喜鏡存世較少，其主要内容在新莽鏡中也時有出現。

96

## 五六　西漢君忘忘銘帶鏡

　　直徑 17 厘米，重量 615 克，$m$ 值 2.71。緣厚 0.74 厘米。

　　圓形，圓紐，並蒂十二聯珠紋紐座。座外爲一周窄輻射紋與凸面圈帶及内向八連弧紋，弧間有四蜜蜂紋和四山林紋等圖紋作點綴。外區有兩周輻射紋，其間按順時針方向配置三十一字美術體隸書銘文："君忘忘而先志兮，愛使心史者，史不可盡行，心汙結而獨愁，明知非不可久，更已"。寬平素緣。

　　此鏡銘文字體多有簡筆，文字的每一筆畫在起始和收尾處都有局部放大且皆出尖角，別具一格，在鏡銘書法中尚無先例。

五七　西漢君忘忘銘帶鏡（搨本）

　　西漢文化受楚文化影響頗深，"楚風"亦波及西漢鏡。此鏡銘文從語言形式到思想內容皆帶有楚辭色彩。同類鏡銘文抒懷表志十分明確，《歷代著錄吉金目》名曰"先志鏡"，不無道理。

98

五八　西漢居必忠銅華重圈銘帶鏡

直徑 13.2 厘米，重量 310 克，m 值 2.26。緣厚 0.47 厘米。

圓形，圓紐，並蒂十二聯珠紋紐座。座外兩圈凸弦紋，將鏡面分爲內外兩區。內區按逆時針方向均佈十八字銘文："居必忠必信，久而益親，而不信不忠，久而日窮。"銘文起訖有渦紋。外區按逆時針方向均佈三十二字銘文："清浪銅華以爲鏡，絲組爲紀以爲信，清光明乎服君卿，千秋萬世，長毋相忘，鏡（?）辟羊（邪?）。"

重圈銘帶鏡組合形式多樣，常見的有日光與清白、日光與昭明等，少見的是昭明與皎光（《圖典》圖 244 鏡）、日光與皎光（博局山房藏鏡）、君行有日返與君有遠行（賞心齋藏鏡）。

**五九　西漢居必忠銅華重圈銘帶鏡（搨本）**

　　《左傳·僖公九年》杜預注曰：“往，死者；居，生者。”一般認爲，銅鏡銘文反映儒家
思想是從新莽鏡開始。此鏡出現在西漢，應是一個特例。

　　此鏡特點：1.“居必忠”與“銅華”重圈與衆不同；2. 此類鏡銘文多爲“絲組雜遝”，
此鏡係少見的“絲組爲紀”；3. 西漢中晚期銘文鏡品種繁多，但銘文方向皆爲順時針方向，
而此鏡内外圈銘文均爲少見的逆時針方向。

100

## 六〇　西漢四乳四虺鏡

　　直徑 16 厘米，重量 720 克，*m* 值 3.33。緣厚 0.59 厘米。

　　圓形，圓紐，四葉紋紐座。座外圍以一周斜輻射紋和凸弦紋圈。主紋區在兩周斜輻射紋之間，以四枚帶座乳釘分割成四區，區內各配置一條鈎狀虺蟲。虺體上下各有一帶羽冠立鳥和無羽冠立鳥。特寬平素緣。全鏡黑漆古包漿。

　　此類鏡流行於西漢晚期，直至東漢初年還可見到。

六一　西漢四乳四虺鏡（搨本）

　　在文化內涵上，此鏡表現了鑄鏡者和用鏡者祈盼五毒不侵、避凶趨吉的心理取向。在古人觀念中，龍蛇具有某種同源性，而且往往會龍蛇不分。東漢王充在《論衡》一書中曰："龍或時似蛇，蛇或時似龍。……龍鱗有文，於蛇爲神。"時至今日，人們還常稱蛇爲小龍。

　　此鏡在同類鏡中屬大型鏡。

102

六二　西漢四乳龍虎鏡

　　直徑 11.8 厘米，重量 365 克，$m$ 值 3.27。緣厚 0.59 厘米。

　　圓形，圓紐，圓紐座。座外圍以一周凸弦紋圈。主紋區有兩周斜輻射紋，其間以帶座四乳釘將主紋區分割成四區，區內交錯配置兩龍、兩虎。寬平素緣中嵌入一周雙綫鋸齒紋圈帶，鏡緣變爲窄平素緣。此鏡通體黑漆古包漿。

　　龍原爲中國神話中的東方之神，屬五行之木，色爲青，故稱青龍。虎爲西方之神，屬五行之金，呈白色，故稱白虎。此鏡紋飾爲兩龍、兩虎同向奔走。綜合其鏡型，似定爲西漢晚期較妥。這亦應是最早的龍虎鏡之一。龍虎鏡的問世和流行與道家思想的產生和發展密切相關。

六三　西漢四乳八禽鏡（搨本）

直徑 9.8 厘米，重量 226 克，$m$ 值 3。緣厚 0.58 厘米。

圓形，圓紐，圓紐座。座外圍以一周凸弦紋圈。主紋區有兩周窄輻射紋圈，其間以帶座四乳釘將主紋分為四區，八隻立鳥兩兩分佈，相對而立。特寬平素緣。上佳黑漆古包漿。

此鏡與銅華鏡同屬西漢晚期，其紋飾是鳥文化在西漢鏡中的體現。

104

## 六四　西漢家常貴富銘文鏡〔搨本〕

　　直徑 13.5 厘米，重量 422 克，*m* 值 2.95。緣厚 0.65 厘米。

　　圓形，圓紐，四葉紋紐座。主紋區爲兩周繩紋圈帶，其間以圍有八聯珠乳座的四乳釘分爲四區，並按逆時針方向在四區內均佈 "家常貴富" 四字。鏡緣爲高差較大的十六連弧紋緣。

　　在古錢幣中，錢文字體有 "長寶蓋" 一說。此鏡銘文 "家"、"常"、"富" 三字均爲 "長寶蓋"。以往多稱之爲家常富貴銘文鏡，讀法似有誤。此鏡與《中國青銅器全集·銅鏡》圖 52 鏡相比，除大小不同和紐座稍異外，字形、乳釘、鏡體風格等無不相似，兩鏡 *m* 值也接近。樸實的銘文、大衆化的紋飾及厚重的鏡體，是西漢晚期銅鏡的風格特徵。

新◎莽◎鏡

　　西漢元壽二年（公元前 1 年）六月，王莽"以新都侯引入未央宮，拜爲大司馬"。元始元年（公元 1 年）正月，"拜爲太傅，賜號安漢公"。居攝三年（公元 8 年）十二月，王莽"廢漢登基"，建立"新"朝，次年改元"始建國"，史稱"新莽"。政治上的"新莽"朝，祇存在短短的十餘年即被推翻，但新莽鏡在銅鏡史上卻是流光溢彩，分外奪目。它不僅繼承了西漢鏡的規整華美，渾厚大氣，而且爲配合政治和經濟上的"托古改制"，對銅鏡形制和銘文內容等方面還進行了包括復古和創新在內的雙重變革。

　　概括而言，新莽鏡就是博局鏡。其一，鏡背紋飾突出以 TLV 爲主的博局紋，並配以四靈圖案（常規是每個方位四靈居右，伴獸在左）。紐外方框內均佈十二地支（文字方向由內而外），子午連綫（由下而上）穿紐孔而過。主紋區與外緣區之間均佈一周順時針方向讀法的銘文帶。這一紋飾格局成爲標準新莽鏡的基本模式。前期的四靈方位有嚴格規定，即主位坐北朝南，即北方玄武在下，南方朱雀在上，"左（東）青龍，右（西）白虎"，後期構圖則有錯位和簡化的現象。其二，銘文內容品類繁多，不同的銘文內容反映出特定歷史背景下出現的特定文化現象。其三，新莽鏡銘文書體規範，多係俊逸瀟灑的懸針篆，爲歷代文人墨客所喜愛。其四，出現帶有祥龍瑞鳳和珍禽異獸的邊緣紋飾。

　　新莽銘文鏡也是本書的重點之一。兩面刻婁銘四靈博局鏡皆有"刻婁（鏤）博局去不羊（祥）"銘文，爲博局鏡命名的探討和研究，提供了確鑿的實物依據。另外，還有賢者戒己四靈博局鏡、新朝治竟四靈博局鏡、朱氏（四時宜）四靈博局鏡等，充分體現了新莽博局鏡銘文內容的廣泛性、現實性、新穎性。

　　新莽鏡的制式同樣規範，其直徑也多是標準寸（今 2.31 厘米）的整數倍。本書列有莽尺六寸、七寸、八寸、九寸共四種規格。其 $m$ 值在早期多爲 3～3.5、在晚期常是 2.5～3。

　　本書收錄新莽鏡共十四面。

**六五　新莽尚方四靈博局鏡（搨本）**

　　直徑 18.6 厘米（莽尺八寸），重量 791 克，$m$ 值 2.91。緣厚 0.55 厘米。

　　圓形，圓紐，大四葉紋紐座。座外細綫方格和凹面方框間均佈十二乳釘和十二地支。主紋區外沿順時針方向均佈五十一字漢隸銘文："尚方作鏡真大好，上有仙人不知老。渴飲玉泉饑食棗，浮浮（游）天下敖四海，徘回（徊）名山采之（芝）草，壽如金石爲國保，大富昌，子孫備，具中央。"

　　漢代宫廷少府下屬"右尚方"，掌管包括銅鏡在内的皇室生活用品，故尚方鏡當爲標準的官製鏡。其流行時間甚長，自西漢晚期至東漢早期均有，一般不易確切斷代。此鏡方位正確，且有"子孫備，具中央"内容，可定爲新莽鏡。

## 六六　新莽鳳凰翼翼四靈博局鏡

　　直徑 21.1 厘米（莽尺九寸），重量 1055 克，$m$ 值 3.01。緣厚 0.62 厘米。

　　圓形，圓紐，四葉紋紐座。座外圍以細綾方格和凹面方框各一周。方框内間隔均佈十二乳釘及十二地支銘文。方框外有八乳及 TLV 博局紋區分的四方，分別配置青龍、朱雀、白虎、玄武。博局紋區外按順時針方向環佈四十二字懸針篆銘文曰："鳳皇翼翼在鏡則（側），致賀君家受大福。官位尊顯蒙禄食，幸達時年獲嘉德。長保二親得天力，傳之後世樂毋已。"其中"二"字用雙魚表示，極富想像力。窄素緣。

　　古代"四靈"位置多上爲南，下爲北，左爲東，右爲西，今人觀圖正好相反。

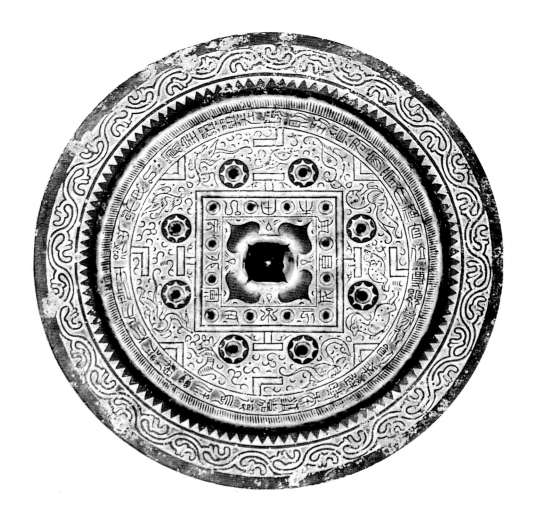

六七　新莽鳳凰翼翼四靈博局鏡（搨本）

　　銘文首句"鳳皇翼翼在鏡則（側）"。鳳皇，《爾雅·釋鳥》曰："鶠，鳳，其雌皇"。雄爲"鳳"，雌爲"皇"，後世寫作"凰"。《尚書·益稷》云："鳥獸蹌蹌，《簫韶》九成，鳳皇來儀。"唐孔穎達《尚書·正義》釋曰："鳥獸化德，相率而舞。"鳥見鏡起舞的典故出於《異苑》："山雞愛其毛羽，映水則舞。公子蒼舒令置大鏡其前，雞鑒形而舞不止，遂乏死。"

　　此鏡與《中國青銅器全集·銅鏡》圖 59 "始建國二年（公元 10 年）紀年鏡"銘文書體均爲標準的懸針篆，但書體似更成熟老到。

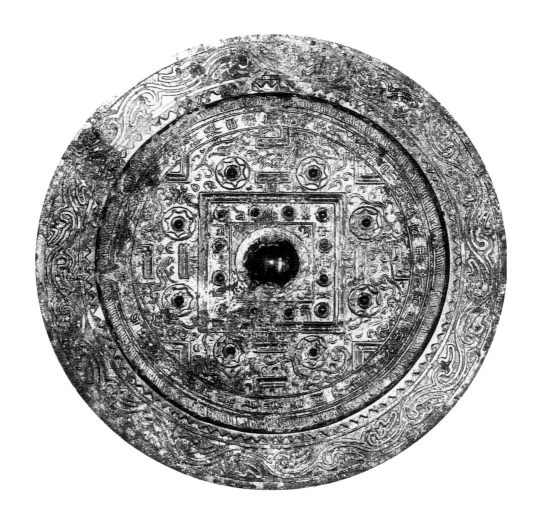

## 六八 新莽上華山鳳凰侯四靈博局鏡

　　直徑 20.7 厘米（莽尺九寸），重量 1142 克，$m$ 值 3.39。緣厚 0.54 厘米。

　　圓形，圓紐，圓紐座。座外圍以細綫方格和凹面方框各一周，方框內間隔均佈十二乳釘及十二地支銘文。框外由帶座八乳及 TLV 博局紋區分四方，分別配置青龍、白虎、朱雀、玄武。博局紋區外按順時針方向環佈四十二字懸針篆銘文："上華山，鳳凰侯，見神鮮（仙），保長命，壽萬年，周復始，傳子孫，福祿祚，日以前，食玉英，飲澧（醴）泉，駕青龍，乘浮雲，白虎弓（引）。"窄素緣。

六九　新莽上華山鳳凰侯四靈博局鏡（搨本）

　　陳介祺《簠齋藏鏡》中收録有類似之鏡，銘文字數和内容完全相同，四靈旁紋飾略有差異，主要不同在紐座，《簠齋藏鏡》是大四葉紋紐座。

　　新莽鏡的銘文内容種類較多，常見"上大山"、"上太山"，而"上華山"鏡則較少見。古人崇拜大山。據《史記‧封禪書》卷二十八載："自古受命帝王，曷嘗不封禪？"舜巡五嶽，"八月，巡狩至西嶽。西嶽，華山也"。

　　新莽標準尺九寸鏡應爲皇室宗親所用，此鏡製作雖欠精細，但按制度，使用者當非尋常百姓。其玄武紋飾僅取蛇形，中段龜身，且兩頭合一，與衆不同。

*112*

### 七○　新莽刻婁銘四靈博局鏡

直徑 18.7 厘米（莽尺八寸），重量 830 克，*m* 值 3.02。緣厚 0.51 厘米。

圓形，圓紐，圓紐座。座外圍以細綫方格和凹面方框各一周，其内間隔環繞十二乳釘及十二地支。方框外有帶連弧紋座的八乳釘及 TLV 博局紋區分的四方八極，均佈四靈及伴獸。主紋外按順時針方向佈五十六字少篆多隸的銘文："新有善銅出丹陽，和以銀錫清且明。左龍右虎掌四彭（旁），朱雀玄武順陰陽。八子九孫治中央，刻婁（鏤）博局去不羊（祥）。家常大富宜君王，千秋萬歲樂未央。"通體黑漆古包漿。邊緣紋飾爲常規的連綿雲氣紋。

此鏡是最早的新莽鏡之一，與始建國二年（公元 10 年）的紀年鏡書體相比，似應還早些。

### 七一　新莽刻婁銘四靈博局鏡（搨本）

此鏡銘文中首字"新"係指王莽篡漢後的"新"王朝，故此鏡爲明確的新莽鏡。史載：始建國元年（公元9年），王莽"廢漢登基，輔佐凡十一公"，以太師王舜爲首的大司徒、大司空、衛將軍、前將軍等高官要職皆爲王姓，故鏡銘第五句"八子九孫治中央"並非虛言，乃確有所據。依銘文第五、七、八句推斷，加之直徑爲莽尺之整八寸，此鏡似爲慶賀王莽登基而鑄。

中國國家博物館藏搨直徑20.5厘米，四十九字銘文僅缺末句。日本西田狩夫藏搨直徑不詳，五十六字銘文完全相同。

七二　　新莽刻婁銘四靈博局鏡（局部、搨本）

與《中國青銅器全集·銅鏡》圖 59、60、61 鏡對比，此鏡製作更規整，銘文更齊全，字數也更多，且通體黑漆古包漿。其銘文書體也比較奇特，大多爲漢隸，少數字如"八子九孫"又爲典型的懸針篆。鑄鏡者爲奉迎王莽登基，祈祝"新朝"千秋萬歲而突出"八子九孫"，以顯家族興旺。

另外，孫機還認爲，博局鏡中的 TLV 紋"自身帶有'法象天地'的意義"。換言之，博局鏡的形制與紋飾在辟邪功能上，有其特殊的作用。李零在《中國方術考》中説："清楚地顯示出這種紋飾是代表着宇宙模型，同時還具有厭除不祥的神秘含義。"

七三　新莽刻婁銘四靈博局鏡（局部、搨本）

　　本鏡銘文第六句，"婁"字通"鏤"，"羊"字通"祥"。學界對有 TLV 紋飾的銅鏡歷來稱謂不一，或稱規矩鏡，或稱六博鏡，或稱博局鏡。因此鏡有銘文"刻婁博局去不羊"的內容，故命名"博局"引證有據，稱之"博局"言之有理。六博是一種始於商代、興於春秋戰國時期、鼎盛於秦漢的游戲。江蘇徐州銅山漢墓曾出土兩人席地而坐，中間置六博棋盤的畫像石。

　　此鏡邊緣紋飾不僅精美，而且與四靈紋飾相對應，羽人導龍的形象亦栩栩如生。

### 七四　新莽刻婁銘四靈博局鏡

　　直徑 15.7 厘米，重量 606 克，*m* 值 3.12。緣厚 0.48 厘米。

　　圓形，圓紐，圓紐座。座外圍以細綫方格和凹面方框各一周，框內間隔均佈十二乳釘及十二地支銘文。框外由帶座八乳及 TLV 博局紋區分四方，分別配置四靈，龍虎位置反向。博局紋區外按順時針方向環佈四十六字漢隸銘文："作佳鏡，清且明，葆子孫，樂未央，車當傳駕騎趣莊，出圍四馬自有行，男□□侯女嫁王，刻婁博局去不羊，服此鏡，爲上卿。"窄素緣。"出圍四馬"的"四"字用四橫通假，唯新莽鏡獨有。

　　此鏡整體風格和文字書體與前鏡相似，當爲同時代的器物。

七五　新莽刻婁銘四靈博局鏡（搨本）

　　在銅鏡上出現"刻婁博局"銘文，目前所見如下：1. 中國國家博物館藏搨（唐蘭先生舊藏，今下落不明），四十九字銘文，缺末句"千秋萬歲樂未央"；2. 日本西田狩夫之搨本，五十六字銘文；3. 本書前鏡，五十六字銘文；4. 據《文物》1996 年第 8 期載，江蘇東海尹灣漢墓群出土直徑 27.5 厘米（漢尺一尺二寸）之東漢銅鏡，上有八十四字銘文："……刻治六博中兼方，左龍右虎游四彭，朱爵玄武順陰陽，八子九孫治中央……"；5. 河南省博物院藏鏡四十九字銘文與《圖典》圖 266 鏡相同。銘文中所缺兩字，按本書附錄中東漢對置式神獸鏡的讀法似爲"則封"。

118

七六　新莽刻婁銘四靈博局鏡（局部、搨本）

　　據上述資料分析，其共同點是銘文中皆有"八子九孫治中央"的字句，内容係頌揚王
莽家族的權力無限，推測其年代應在始建國元年（公元 9 年）以後的幾年間。此鏡銘文是
唯一沒有出現"八子九孫治中央"字句的刻婁銘鏡。從字體分析，"四"字用四橫代替，是
新莽鏡的重要特徵。然此鏡字體與新朝中期盛行的懸針篆相去甚遠，故其不在前即在後。
再從四靈佈局的龍虎錯位來分析，年代似應在新莽晚期。

七七　新莽刻婁銘四靈博局鏡（局部、搨本）

《左傳·成公五年》云："晉公以傳召伯宗。"古時"傳"字亦指驛站上所備的車馬。《説文解字·馬部》曰："駟，一乘也。"段玉裁注："四馬爲一乘。"銘文前四句"作佳鏡，清且明，葆子孫，樂未央"，爲常用吉祥語。第五、六句主要講的是身份與排場。第七句"男則封侯女嫁王"主要講的是當時的做人目標。第八句切入主題"刻婁（鏤）博局去不羊（祥）"。

120

七八　新莽賢者戒己四靈博局鏡（搨本）

　　直徑 16.3 厘米（莽尺七寸），重量 770 克，$m$ 值 3.69。緣厚 0.54 厘米。

　　圓形，圓紐，圓紐座。座外圍以兩周凸弦紋，其內間隔均佈八乳釘及雲氣紋。凸弦紋外由帶座四乳及 TLV 博局紋區分四方，分別配置四靈，青龍、白虎、朱雀、玄武。四靈之間佈有雲氣紋。博局紋區外按逆時針方向環佈二十三字簡隸書體銘文：“賢者戒己乍（作）爲右，怠忘（荒）毋以象君子，二親有疾身常在，時時（侍侍）。”

　　銘文開頭突出“禮”。《穀梁傳》曰：“使賢者佐仁者。”范寧集解：“賢者，多才也。”銘文結尾注重“孝”舉。此鏡 $m$ 值偏高，文字減筆，其年代似可定在新莽晚期至東漢早期。

七九　新莽日有喜四靈博局鏡（搨本）

直徑 16.6 厘米（莽尺七寸），重量 588 克，*m* 值 2.72。緣厚 0.42 厘米。

圓形，圓紐，圓紐座。座外圍以細綫方格和凹面方框各一周。方框內間隔均佈十二乳釘及十二地支銘文。方框外由八乳及 TLV 博局紋區分四方，分別配置四靈。博局紋區外按順時針方向環佈二十九字懸針篆銘文：“日有喜，樂毋事，宜酒食，居必安，毋優患，于（竽）瑟侍，心志歡，樂以哉，故常然，月內。”

此鏡特點：1. 十二地支銘文字方向不是常規的放射式，而是少見的向心式；2. 銘文內容取自西漢中晚期的日有喜連弧紋鏡；3. 邊緣紋飾尤爲精美，少見長頸牛和螭形龍。

122

## 八〇　新莽照匈脅四靈博局鏡

　　直徑 16.6 厘米（莽尺七寸），重量 632 克，m 值 2.93。緣厚 0.56 厘米。

　　圓形，圓紐，圓紐座。座外圍以細綫方格和凹面方框各一周，細綫方格內四角有"長宜子孫"四字。框內十二乳釘之間的十二地支位置，皆以相似的四角幾何圖形代替。紋飾間按順時針方向環佈四十二字篆隸變體銘文："照匈脅，身萬全；象衣服，好可觀；宜佳人，心意歡；長棠（堂）志，固常然；食玉英，飲醴泉；駕蛟龍，乘浮雲；周復始，傳子孫。"窄素緣。

　　此鏡採用幾何圖形填佈空間，也是新莽鏡的一個特色。不同鏡的類似圖案也會有差異，疑是某些作坊的"標記符號"。

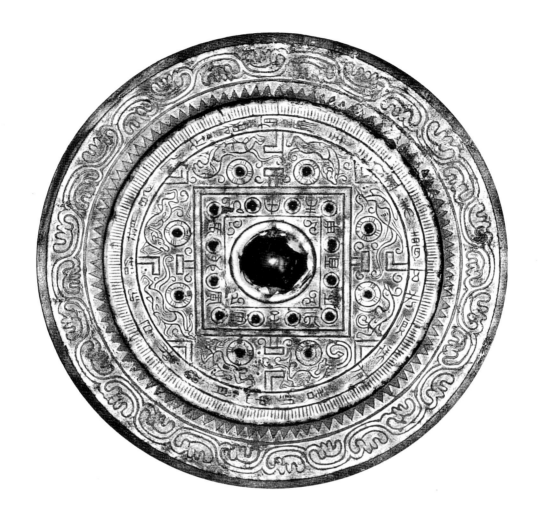

八一　新莽善銅四靈博局鏡（揚本）

　　直徑 17.1 厘米，重量 716 克，*m* 值 3.11。緣厚 0.51 厘米。

　　圓形，圓紐，圓紐座。座外圍以凸弦紋和凹面方框各一周，框內間隔均佈十二乳釘及十二地支銘文。框外博局紋區外按順時針方向環佈二十六字懸針篆書體銘文："新有善銅出丹陽，和巳銀錫清且明，左龍右虎主四彭，朱爵玄武順。"連綿雲氣紋緣。

　　東漢早期鏡可能會習慣性地沿用新莽鏡的一些特徵和懸針篆書體，以致造成斷代上的困惑。但銘文開頭的"新"就是指新莽，"漢"就是東漢。此鏡雖四靈位置已亂，白虎與朱雀錯位，但却不可歸入東漢，年代仍應定爲新莽晚期。

## 八二　新莽駕蜚龍神獸博局鏡

　　直徑 14.3 厘米，重量 517 克，m 值 3.23。緣厚 0.52 厘米。

　　圓形，圓紐，圓紐座。座外圍以一周圓形粗凸弦紋，其內均佈帶座八乳釘，乳釘間有四組三角斜綫紋和雲氣紋。凸弦紋外爲無 L 紋的 TV 博局紋，其間均佈神獸。紋外按順時針方向環佈二十四字懸針篆銘文："駕非（蜚）龍，無（乘）浮雲，上大山，見神人，食玉英，飲禮（醴）泉，宜官秩，葆子孫。"窄素緣。

　　此鏡雖是懸針篆書體，但用圓形粗凸弦紋代替凹面方框，在博局紋中又缺少 L 紋，再就是將四靈改爲神獸，其年代應在新莽晚期至東漢早期。

八三　新莽駕蜚龍神獸博局鏡（搨本）

銘文内容一般，但第一句是"駕非（蜚）龍"，較少見。"上大山，見神人"銘文的新莽鏡多爲三言句，也有特殊情況。

此鏡書體爲典型的懸針篆。王愔《文字志》曰："懸針，小篆體也。字必垂畫，細末纖直如針，故曰'懸針'。"其又稱"垂露篆"，或"垂露書"。始建國二年（公元10年），王莽第三次貨幣改制，錢文書法尚非典型懸針篆。天鳳元年（公元14年），實行第四次貨幣改制，鑄行"貨布"、"貨泉"時，懸針篆書體已正式成型。地皇四年（公元23年），新莽覆滅，懸針篆逐漸消失。此鏡和一些典型懸針篆的新莽鏡，其問世年代應在公元14年或稍晚的九年之間。

**八四　新莽新朝治竟四靈博局鏡（搨本）**

　　直徑 19.7 厘米，重量 828 克，*m* 值 2.72。緣厚 0.47 厘米。

　　圓形，圓紐，圓紐座。座外圍以細綫方格和凹面方框各一周。其内間隔均佈十二乳釘和十二地支。框外均佈八乳釘和 TLV 博局紋。主紋區内按順時針方向環佈三十七字懸針篆銘文："新朝治竟（鏡）子孫息，多賀君家受大福，位至公卿蒙禄食，幸得時年獲嘉德，傳之後世樂無亟，大吉。"連綿雲氣紋緣。此鏡年代似應在始建國元年（公元 9 年）之後的幾年間。

　　新莽鏡以其國號 "新" 字開頭的銘文，現知三種，多見 "新有善銅出丹陽"，少見 "新興辟雍見明堂"，罕見此鏡銘文。在《漢印徵》中可見 "朝" 字的右偏旁相近。

八五　新莽朱氏四靈博局鏡（搨本）

　　直徑 17.1 厘米，重量 560 克，*m* 值 2.43。緣厚 0.47 厘米。

　　圓形，圓紐，圓紐座。座外省略十二地支後直接圍以凹面方框，框外有短粗 TLV 博局紋和八乳釘均佈形成四區八極。主紋區外順時針方向均佈三十七字漢隸銘文："未（朱）氏明竟（鏡）快人竟（意），上有龍虎四時宜，常保二親宜酒食，君宜高官家大富，樂未央，貴富昌，宜牛羊。"全鏡水銀古包漿。

　　此鏡"四"字用四橫筆代替，年代應定爲新莽。然龍虎反向錯位，似係新莽末至東漢初期之器物。銘文書體是帶有懸針篆韻味的隸書。"宜牛羊"銘文較少見。

*128*

八六　新莽崃言四靈博局鏡

　　直徑 16.4 厘米（莽尺七寸），重量 550 克，*m* 值 2.23。緣厚 0.42 厘米。

　　圓形，圓紐，圓紐座。座外一周細綫方格和凹面方框。其内間隔均佈十二乳釘和十二地支。框外 TLV 博局紋和八乳均佈。兩周細弦紋間按順時針方向環佈三十五字懸針篆變體銘文："崃言之紀從鏡始，倉龍在左虎在右，辟去不羊宜古市，長保二親□□□，壽□金石□王母。"

　　西漢末年至東漢早期是博局鏡的繁榮時期。查《欽定四庫全書·子部·重修宣和博古圖》卷二十八，其第一圖即係此類鏡，主紋區四十三字銘文。據稱，該鏡"徑七寸重二斤四兩"。宋七寸即爲今 22 厘米，宋二斤四兩即爲今 1487 克。

八七　新莽桼言四靈博局鏡（搨本）

　　新莽博局鏡問世後，令人耳目一新。其一，新莽鏡形制規整，少見隨意之作，多數銘文鏡語句完整。其二，新莽鏡銅質與西漢鏡一致，製作精良，紋飾清晰。其三，新莽銘文鏡直徑多在六寸以上，少見五寸以下，無小鏡。其四，新莽鏡銘文書體秀美，尤其是新莽後十年，在錢文和鏡銘上流行的懸針篆，瀟灑俊逸，賞心悅目。

　　銘文第一字“桼”，歷來有不同的讀法，或“黍”或“來”。經孔祥星指點，應為“漆”的通假字，與“七”字諧音。當時的重要鏡銘大多七言，銘文句首之“桼（七）言”係新莽風尚。

130

八八　新莽王氏四靈博局鏡（搨本）

　　直徑 18.7 厘米（漢尺八寸），重量 650 克，m 值 2.36。緣厚 0.49 厘米。

　　圓形，圓紐，大四葉紋紐座。座外細綫方格和凹面方框。其間環紐均佈十二乳釘和十二地支。框外博局紋和乳釘形成四區八極，均佈四靈。主紋區外順時針方向均佈四十八字漢隸銘文："王氏作竟四夷服，多賀新家人民息，胡虜殄滅天下復，風雨時節五穀熟，長保二親子孫力，官位尊顯蒙祿食，傳告後世同敬。"連綿雲氣紋素緣。

　　此鏡與《圖典》圖 271 鏡類同。其四靈、羽人、禽鳥的紋飾總數多達二十八個，而羽人騎鹿和羽人拜鳥形象，在銅鏡紋飾中較少見。用"新家"代替"國家"係新莽鏡銘文的重要特徵。

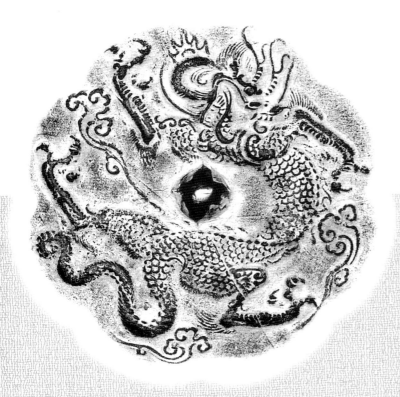

東 ◎ 漢 ◎ 鏡

　　公元 25 年，劉秀稱帝，定都洛陽，後世稱爲東漢。即位之初，就廢除王莽時代苛嚴而繁雜的規章條令，基本恢復西漢時的制度和政策，一切從簡。東漢早期在銅鏡製作上，雖習慣性地繼承了新莽的博局紋飾，却常予以簡化。此外，東漢時還按西漢鏡制式鑄製銅鏡，魏晋南北朝時期又再鑄東漢鏡，致使同一鏡種跨越幾代，至今留下諸多斷代之惑。

　　東漢中晚期，隨着佛教的傳播和道教的創立，崇尚神仙的思想在銅鏡中得以充分展現，具有代表性的鏡類是畫像鏡、神獸鏡、龍虎鏡及變形四葉鏡等。在藝術上，東漢中晚期鏡以浮雕手法，表現神像、羽人、人物、車馬、龍虎、瑞獸等題材，寓意深刻，構思巧妙。相對而言，變形四葉紋鏡、變形四葉獸首鏡的抽象化"變形"，似乎更體現了現實審美情趣所要求的裝飾性。

　　東漢晚期，重視教育。桓靈之際，銅鏡鑄製有了文人參與的設計和創作，從而一改西漢末期銘文鏡內容混亂、書體紛雜的現象，銘文書體中出現了端莊美觀的漢碑隸書。概括而言，東漢鏡銘已不僅單純地用來表達主觀意識，裝飾作用更爲突出。

　　本書收録東漢鏡共十九面。

八九　東漢四靈博局鏡（搨本）

　　直徑 16.5 厘米（漢尺七寸），重量 557 克，*m* 值 2.6。緣厚 0.43 厘米。

　　圓形，圓紐，圓紐座。座外圍以細綫方格和凹面方框各一周。方框內間隔均佈十二乳釘及十二地支銘文。方框外有八乳及 TLV 博局紋區分的四方，分別配置青龍、朱雀、白虎、玄武等。四靈間佈滿雲氣紋。連綿花枝紋緣。此鏡東西方向錯位，說明新莽晚期至東漢早期在銅鏡上出現混亂的現象。

　　此鏡鑄製精良，少有使用痕跡，唯惜斷裂。其地支銘文書體俊美，保留了新莽懸針篆的韻味。

134

九〇　東漢照容銘博局鏡（搨本）

　　直徑 14 厘米，重量 517 克，$m$ 值 3.36。緣厚 0.51 厘米。

　　圓形，圓紐，圓紐座。座外圍以凹面方框，框外均佈八乳釘和四個博局紋的 T 紋。T 紋與 LV 紋之間按順時針方向均佈十八字多減筆通假的懸針篆銘文：“召（照）容□（貌），身万泉（全），見衣服，好可□（觀），宜佳人，心意歡。”銘文外有不規則的四靈圖案（缺玄武），在青龍和白虎對面皆有匍匐的羽人與之相對。邊緣紋飾與常規的新莽鏡相同。

　　此鏡通體綠漆古包漿，博局紋完整，但四靈不全，減筆通假嚴重，年代應定東漢早期爲宜。

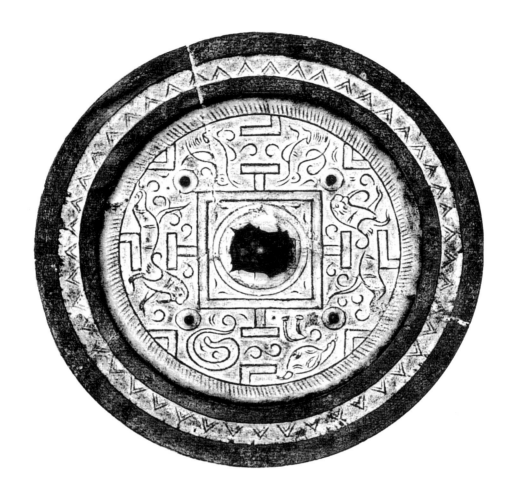

九一　東漢禽獸博局鏡（搨本）

　　直徑 9.9 厘米，重量 133 克，$m$ 值 1.73。緣厚 0.3 厘米。

　　圓形，圓紐，圓紐座。座外爲細綫方格和凹面方框。主紋區 TLV 博局紋和四乳均佈分成四區。傳統的四靈在此鏡中出現變化，上方爲張口展翅兩朱雀，下方爲龜蛇分離的玄武，青龍、白虎變成兩虎隔紐相對。主紋區空間滿佈雲氣紋。外區由內向外三周紋飾分別是斜輻射紋、凸面寬弦紋和雙綫波紋。素緣。

　　此鏡是較爲簡單的博局鏡。

*136*

九二　東漢四乳禽獸鏡（搨本）

　　直徑 17.8 厘米，重量 791 克，$m$ 值 3.18。緣厚 0.63 厘米。

　　圓形，圓紐，大四葉紋紐座。座外主紋區兩周輻射紋內，由帶座四乳分成四區。每區兩個禽獸，依次爲猛虎逐鹿、雀鳥望獸、神鹿喚龍、雙禽呼應。寬平卷素緣。

　　四乳鏡是東漢中晚期的一個銅鏡品種。四乳禽獸鏡在西漢即有，由此可見中國銅鏡文化的延續和發展。此鏡直徑較大，紋飾清晰，圖案新奇。"雀鳥望獸"之獸九尾狐是傳說中的異獸，《山海經·南山經》載："有獸焉，其狀如狐而九尾，其音如嬰兒，食者不蠱"。古人以爲祥瑞。王褒《四子講德論》曰："昔文王應九尾狐而東夷歸周。"

九三　東漢七乳瑞獸鏡（搨本）

　　直徑 18.4 厘米（漢尺八寸），重量 491 克，$m$ 值 1.85。緣厚 0.58 厘米。
　　圓形，圓紐，圓紐座。整體紋飾呈環形分佈，由內向外依次爲八個帶座乳釘間隔八個
地支符號。向外依次爲短斜綫紋、粗凸弦紋、連續紋飾、短斜綫紋及兩周細弦紋。主紋飾
爲七乳釘間配置的羽人神獸等。邊緣爲羽人、神獸、禽鳥、游魚等。斜邊窄素緣。

九四　東漢八連弧雲雷紋鏡（搨本）

　　直徑 17.7 厘米，重量 561 克，$m$ 值 2.28。緣厚 0.47 厘米。

　　圓形，圓紐，大四葉紋紐座。四葉間各佈一字，按順時針方向連讀爲"長宜子孫"。座外各有一周斜輻射紋和凸弦紋圈。圈外爲內向八連弧紋，再外爲兩周斜輻射紋，其間主紋飾爲八組雲雷紋，雲雷紋由圓圈紋及對稱的雙重尖三角紋組成。斜邊寬素緣。

　　此類鏡在東漢時期流行甚廣。其規格一般較大，據《河北定縣北莊漢墓發掘報告》一書稱，最大的雲雷紋鏡直徑達 36 厘米。日本一直仿製，故亦有較多出土。

九五　東漢長宜子孫八字連弧紋鏡（搨本）

　　直徑 13.8 厘米（漢尺六寸），重量 218 克，*m* 值 1.45。緣厚 0.24 厘米。

　　圓形，圓紐，四片蝙蝠形葉紋紐座。其葉間均佈變體懸針篆四字銘文：“長宜子孫”。葉紋和銘文外圍以一凸面圈帶和內向八連弧紋，其間八個小空間內，均勻間隔分佈四個小圈紋和四字銘文“位至三公”。鏡邊緣是一周寬凹面圈帶和斜邊寬素緣。

　　此鏡書體有美術化傾向，“子”、“公”兩字尤爲突出。懸針篆書體，有如蚊腳，又稱蚊腳書，書家論其是“蚊腳旁舒，鵠首仰立”。此鏡銘文爲吉祥語，有保佑子孫平安及祝願子孫興旺之義。

140

## 九六　東漢吾作變形四葉獸首鏡

　　直徑 12.2 厘米，重量 251 克，*m* 值 2.15。緣厚 0.27 厘米。

　　圓形，圓紐，圓紐座。座外圍以蝙蝠形四葉紋，四葉内有粗體懸針篆四字銘文："長宜子孫"。四葉間配置不同獸首各一。按順時針方向均佈四十七字隸書銘文曰："吾作明鏡，幽涷三剛，周刻無極，衆董主陽，聖德神明，五月五日丙午日中時，得三光，製作師，照見人形，位至三公，子孫吉昌。"銘文書體爲典型的漢碑書體，規整華美。斜邊窄素緣。

　　此鏡是典型的南陽鏡。河南南陽是漢代著名的鑄鏡中心，南陽鏡質地優良，鑄造精細。

九七　東漢吾作變形四葉獸首鏡（搨本）

　　此鏡與《圖典》圖 376 鏡類同，最大差別在於後者銘文帶多在內向連弧紋內，而前者銘文帶却在鏡緣內側。此鏡鏡徑不大，却環鑄四十七字銘文。

　　獸首鏡常爲紀年鏡，用於時間的銘文多是某年某月某日。此鏡雖少了一個年號，却多了一個“日中時”。在風水學上，“五月五日丙午日中時”即“火月火日火時”。陰陽五行中，火克金，銘文也即表示“吉月吉日吉時”。另外，還出現此類鏡銘文內容所没有的“得三光”。《白虎通·封公侯》云：“天有三光，日、月、星。”

142

九八　東漢變形四葉瑞獸對鳳鏡

　　直徑 13.4 厘米，重量 305 克，*m* 值 2.16。緣厚 0.4 厘米。
　　圓形，圓紐，圓紐座。四瓣桃形葉將紋飾分成四區，每區有兩隻相對而立的鳳鳥，振翅翹尾。四葉瓣中部有神獸圖案。靠近鏡緣處有內向十六連弧圈，每個圈內皆有各種姿態之動物。斜邊寬素緣。

九九　東漢變形四葉瑞獸對鳳鏡（搨本）

此鏡與《圖典》圖 397 鏡相似，年代跨度較大，早及東漢遲至六朝。其鏡紐特大，約爲鏡徑的四分之一，且有脫胎現象，年代似應在東漢晚期與兩晉之間。

144

一〇〇　東漢變形四葉鏡（搨本）

直徑 10.9 厘米，重量 215 克，*m* 值 2.31。緣厚 0.42 厘米。

圓形，圓紐，圓紐座。座外伸出四片雙瓣葉，將主紋分成四區。其外爲凸面十六連弧紋及一圈凹面圈帶。斜邊寬平素緣。

變形四葉紋鏡出自東漢中期和帝年間，流行於晚期的桓靈時期，係東漢新創之鏡類。常見紋飾爲佛像、瑞獸、夔龍夔鳳、對龍對鳳等。這應與東漢中晚期社會動亂、佛道盛行有關。此鏡神秘色彩濃重，紋飾誇張。

一〇一　東漢對置式神獸鏡（搨本）

直徑 13.7 厘米（漢尺六寸），重量 345 克，m 值 2.35。緣厚 0.56 厘米。

圓形，圓紐，圓紐座。主紋區間隔配置四神四獸。主紋外佈半圓和方枚各十個，相間環繞。方枚中各有一字，除"官"字外，餘者皆難辨識。邊緣內爲圖案化的珍禽異獸。卷草紋緣。

此鏡與《圖典》圖 420 鏡相近，圖案清晰。全鏡黑漆古包漿。

146

<h3 style="text-align:center">一〇二 東漢神人車馬畫像鏡</h3>

直徑 21 厘米，重量 956 克，$m$ 值 2.76。緣厚 1.15 厘米。

圓形，圓紐，外圍聯珠紋圈帶。圓座四乳將主紋區分爲四區。兩區皆爲六駕馬車，車有華蓋，車輿爲方形，兩側及前面有屏蔽，上部開窗。一區一神三侍，主神體態較大，戴官帽端坐，後有兩個長袖起舞之羽人。一區一神一侍，主神體態亦大，髮髻高聳，端坐，後有四個舞者。兩主神當是東王公、西王母。主紋區外依次圍以細弦紋、輻射紋。邊緣以五虎頭爲主紋飾。斜三角緣。

一〇三　東漢神人車馬畫像鏡（搨本）

　　六駕馬車是帝王出巡的標志。《漢書·王莽傳》載："或言黃帝時建華蓋以登仙，莽乃造華蓋九重，高八丈一尺，金瑵羽葆，載以秘機四輪車，駕六馬。"邊緣五虎有"虎賁"之意。虎賁爲皇宮中衛戍部隊的將領，漢有虎賁中郎將、虎賁郎等職。此鏡五虎紋飾喻示着最高層次的拱衛之意，恰到好處地襯托出主紋飾六駕馬車的帝王身份。在此類鏡中，東王公與西王母的紋飾大同小異。

148

### 一○四　東漢神人白馬畫像鏡

　　直徑 19 厘米，重量 544 克，$m$ 值 1.96。緣厚 0.83 厘米。

　　圓形，圓紐，圓紐座。座外爲一圈凹面方框。框外圓座四乳將主紋區分成四區，一區爲羽人駕飛龍，羽人長髮後飄，飛龍長角、細耳、張嘴、吐舌，龍身呈 S 形。一區神人頭戴高冠，駕騎疾馳。白馬曲頸回顧，一前足誇張地伸向半空。一區爲東王公，戴高冠端坐，前有兩羽人跪拜，後有一羽人倒立獻技。一區爲西王母，邊侍羽人等。紋飾空間處有銘文"東王公"、"西王母"、"白馬"。斜三角緣。

一〇五　東漢神人白馬畫像鏡（搨本）

　　漢人尚武，對馬有特殊的感情。漢武帝爲得到西域大宛的汗血寶馬，曾兩度西征。此馬頭小頸長，胸圍寬厚，軀體壯實，四肢修長，被喻爲“天馬”。白色的汗血馬更是人們心目中聖潔的神馬。在東漢畫像鏡中，馬的造型很多，但帶文字並注明顏色的較少見。王充《論衡·道虛篇》云：“好道之人……能生毛羽，毛羽具備，能昇天也……”新莽鏡多有“駕非（蜚）龍，乘浮雲”的銘文，古人對羽化登仙之向往，亦在此鏡羽人馭龍飛昇的紋飾中得到了充分體現。

150

<h2 style="text-align:center">一〇六　東漢袁氏神人龍虎畫像鏡</h2>

　　直徑 18.3 厘米（漢尺八寸），重量 652 克，$m$ 值 2.48。緣厚 0.69 厘米。

　　圓形，圓紐，圓紐座。聯珠紋圓座四乳將主紋區分成四區，兩區分別爲一龍一虎，另兩區皆爲一神二侍，從冠飾可區分爲東王公和西王母。圖案之間佈滿雲氣紋。四乳外按順時針方向環佈五十一字隸書銘文："袁氏作鏡真大巧，上有東王公西王母，青龍在左辟邪居右，仙人子喬赤誦子，千秋萬年不知老，位至三公賈萬倍，辟去不祥利孫子。"斜三角緣。

　　東漢鏡紋飾之精緻不在西漢鏡或隋唐鏡之下，其工藝令人歎爲觀止。東漢畫像鏡多出於紹興、鄂州、徐州三地，此鏡應屬徐州地區製作。

一〇七　東漢袁氏神人龍虎畫像鏡（搨本）

　　《神異經·東荒經》載："東荒山中有大石室，東王公居焉。長一丈，頭髮皓白，人形鳥面而虎尾，載一黑熊左右顧望。"《山海經·西次三經》曰："西王母，其狀如人，豹尾，虎齒而善嘯，蓬髮戴勝。"這些記載與銅鏡中東王公、西王母的形象相去甚遠。後逐漸演變，在《集說詮真》中已爲男仙之主和女仙之宗。子喬（也作僑）、赤誦（也作松）子，均爲傳說中的道教仙人。

152

一〇八　東漢神人神獸畫像鏡

直徑 17.8 厘米，重量 423 克，*m* 值 1.7。緣厚 0.52 厘米。

圓形，圓紐，圓紐座。座外圍以凹面方框，框外帶圓座四乳將主紋區分為四區，分別飾以龍、虎、雙角獸和羽人。羽人雙手手掌伸開，掌心向上。羽人身後有長頸禽鳥。主紋外依次圍以細弦紋、輻射紋、長鋸齒紋等。斜三角緣。

一〇九　東漢神人神獸畫像鏡（搨本）

　　西漢中期始，提倡儒學。後又崇信神仙，於是方士興起。到東漢晚期，黃老被尊奉爲神，道教色彩更濃。王充《論衡·無形篇》載："圖仙人之形，體身毛，臂變爲翼，行於雲，則年增矣，千歲不死。"羽化成仙是漢人追求的理想。在西漢晚期鏡和新莽鏡紋飾中，羽人還衹是一個小小的配角，到東漢中晚期，羽人已成了紋飾的主角。

154

一一〇　東漢吾作神人神獸畫像鏡

　　直徑 11.9 厘米，重量 181 克，$m$ 值 1.63。緣厚 0.33 厘米。

　　圓形，圓紐，圓紐座。內區四神及四獸相間環繞，其間有八枚環狀乳。四神皆稍側坐，身後帔帛飄揚。兩組主神兩側有二侍。主紋外有半圓和方枚各十二個，每個方枚中一字，連讀爲"吾作明鏡，幽涷三商，周克無亟"。外區有順時針方向五十五字簡隸銘文："吾作明鏡，幽涷三商，周克無亟，□象萬疆，白（伯）耳（牙）□□□□□，□□祿兒子孫，曾（增）年蕃昌，長宜孫子，□□□□如宜官，位至三公，六大吉鏡宜命長。"連綿雲紋緣。

155

———— 東漢吾作神人神獸畫像鏡（搨本）

　　在東漢鏡中，除紀年鏡外，數此類鏡銘文較多，且常以"吾作明鏡"四字作爲首句，前半部分内容大同小異，後半部分内容變化較大。

　　此鏡紋飾配置如常，鏡體有明顯脱胎而呈綠色，$m$ 值偏小。在五十五字銘文中有十二字因簡筆太多而不能釋讀。據可辨認的四十三字可知，銘文主題思想是希望子孫陞官發財。

156

一一二　東漢龍虎瑞獸畫像鏡

　　直徑 19.9 厘米，重量 759 克，*m* 值 2.44。緣厚 0.98 厘米。

　　圓形，圓紐，圓紐座。座外聯珠紋圓座四乳將主紋區分成四區，分別飾以龍、虎、獨角獸和馬。龍作前視，餘三獸作回首狀。馬背上爲羽人。虎尾上方有一倒立羽人。虎口大張，尖齒外露，虎尾處有“白虎”銘。主紋外依次圍以細弦紋、輻射紋、細鋸齒紋、連綿雲藻紋等。窄素緣。

一一三　東漢龍虎瑞獸畫像鏡（搨本）

　　東漢畫像鏡上作倒立的羽人在其他類型的漢鏡上亦較爲常見。《山海經·大荒西經》載：
"羽民國，其民皆生毛羽。"《山海經·海外南經》云："羽民國在其東南，其爲人長頭，身生
羽。"《抱朴子·對俗篇》言："古之得仙者，或身生羽翼，變化飛行，失人之本，更受異
形。"《楚辭·遠遊》曰："仍羽人於丹丘兮，留不死之舊鄉。"

158

一一四　東漢龍虎禽獸畫像鏡

　　直徑 17.7 厘米，重量 422 克，$m$ 值 1.72。緣厚 0.51 厘米。

　　圓形，圓紐，圓紐座。座外爲一周粗弦紋和一周細弦紋，再外圍以凹面方框，框内四角有四字："長宜子孫"。框外圍座四乳將主紋區分成四區，分別飾以四禽獸。四乳與主紋之間滿佈雲氣紋，向外依次圍以細弦紋、輻射紋、鋸齒紋、裝飾性紋等。斜邊窄素緣。

一一五　東漢龍虎禽獸畫像鏡（搨本）

　　此鏡係瑞禽瑞獸鏡。除龍鳳外，另兩獸爲天禄、辟邪。《漢書·西域傳》載："烏弋山，……
有桃拔。"孟康注："桃拔一名符拔，似鹿，長尾，一角者或爲天鹿，兩角者或爲辟邪。"據
此，辟邪、天鹿二而一也。明周祈《名義考》卷十"天禄辟邪"條云："被除不祥，故謂之
辟邪；永綏百禄，故謂之天禄。漢立天禄於閣門，古人置辟邪於步搖上，皆取被除永綏之
意。"此四獸在漢代被認爲可以辟邪、祛凶、禳災、驅鬼。

160

<h2>一一六　東漢、魏晉龍虎鏡</h2>

直徑 10.5 厘米，重量 183 克，$m$ 值 2.1。緣厚 0.6 厘米。

圓形，圓紐，圓紐座。座外主紋區一龍一虎環紐相對。外區紋飾依次爲輻射紋、鋸齒紋、細弦紋和鋸齒紋等。斜三角緣。

精工細雕是東漢鏡的特色之一。此鏡紋飾中虎的形象極爲生動。龍虎鏡係東漢晚期創製的銅鏡新品種，盛行於三國、六朝時期。此鏡出現當與道教盛行密切相關。

伍

魏晉南北朝鏡

　　魏晉南北朝時期，政局動蕩，烽煙四起，社會生産力遭到嚴重破壞，致使銅鏡製作的品種和數量大爲減少，質量也有所降低。這是處於漢鏡和隋唐鏡兩個銅鏡史上高峰之間的低谷。因此，銅鏡的製作也呈現出過渡色彩。

　　魏晉南北朝前期鏡沿襲了東漢鏡的遺風，其造型、紋飾、佈局均體現了漢鏡的特點，故常有人將其歸入東漢鏡中。本書中收録的伯牙陳樂鏡，雖爲殘片，但也可見質地上乘，製作精良，書體規範，當屬著名南陽鏡的後期之作。此期紀年鏡和佛像鏡較多，本書未録一面，當屬不足。三國吳及永嘉南渡後，江南得以開發，銅鏡鑄製業興盛，相繼出現帶有佛像、聖人的神獸鏡和瑞獸鏡等，開創了隋唐的瑞獸銘帶鏡之先河。

　　這一時期，銅鏡的主題觀念突出，鑄工精湛，雕刻縝密，紋飾靈動，形成一種深邃、典雅的藝術風格。其影響直至隋唐。

　　本書收録三國、魏晉南北朝鏡共四面。

## 一一七　三國雙虎鏡

直徑 9.7 厘米，重量 120 克，$m$ 值 1.62。緣厚 0.38 厘米。

圓形，圓紐。紐外雙虎相對。由主紋區向外四周紋飾依次是細弦紋、輻射紋、鋸齒紋等。斜三角緣。

此鏡正面大部分光亮如新，至今仍可使用。

164

一一八　三國龍虎戲錢鏡

　　直徑 9.3 厘米，重量 121 克，*m* 值 1.78。緣厚 0.36 厘米。

　　圓形，圓紐，圓紐座。座外龍虎相對，二者頭部之間有一五銖錢紋，尾部相接處也有一古錢紋。主紋外紋飾是細弦紋、輻射紋、鋸齒紋和單綫波形紋等。斜三角緣。

一一九　三國龍虎戲錢鏡（搨本）

　　東漢晚期，道教盛行。道教以龍、虎爲保護神。此鏡鑄以龍虎紋，顯然有祈保平安之意。五銖錢自西漢武帝元狩五年（公元前 118 年）廢半兩錢始造，直到唐武德四年（公元621 年）更行“開元通寶”纔被廢棄，是我國錢幣史上流行最久的幣種。鏡鑄五銖錢紋，反映了鑄鏡者和用鏡者祈盼長壽、財源廣進的願望。

166

一二〇　魏晉伯牙陳樂鏡（殘片）

　　殘片長 10 厘米，寬 3.6 厘米，重量 60 克。緣厚 0.38 厘米。

　　由殘片弧度復原，此鏡完整直徑應爲 15.2 厘米。根據殘片弧度 60 度內有銘文八個半字推算，全鏡應有銘文五十二字。據推測，全文應爲＂吾作明鏡，幽涷三商，周刻無極，配象萬疆，伯牙作樂，眾神見容，天禽並存，福祿是從，富貴常至，子孫蕃昌，增年益壽，其師命長，唯此明鏡＂。殘片僅剩十字：＂疆，伯牙陳樂，眾神見容，天。＂其紋飾精美。斜邊窄素緣。

一二一　魏晉伯牙陳樂鏡〔殘片、搨本〕

　　由殘片可知，此鏡銘文書體爲標準的漢碑體，難得一見。經與《張遷碑》、《熹平殘碑》、《白石神君碑》、《西狹頌》對比，字體極其相近。漢碑多出自於教育發達、文化昌盛的東漢桓靈之際，與魏晉年代相去不遠。推測此鏡是先由書法家或藝術家定稿，再交名匠鑄製。

一二二　南北朝飛鳥雲紋鏡

　　直徑 8.2 厘米，重量 120 克，*m* 值 2.26。緣厚 0.51 厘米。

　　圓形，圓紐，圓紐座。紐及紐座下叠壓一飛鳥。其外依次爲間距較寬的輻射紋、細長
鋸齒紋和細弦紋。斜三角緣。

　　山東大汶口文化遺址 75 號墓中曾出土一件背壺，壺上圖案與此鏡紋飾如出一轍。紋飾
中心有一大圓點，既爲鳥體，又代表太陽。此鳥也被稱爲太陽鳥。浙江河姆渡遺址中亦曾
出土雙鳥太陽紋牙雕。

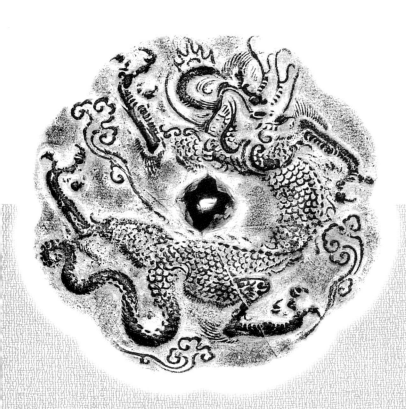

隋 ◎ 唐 ◎ 鏡

公元 581 年，楊堅建立隋朝，再次統一了全國。公元 618 年，唐朝建立後，中國社會出現了前所未有的繁榮富強。隋唐兩代，尤其是唐代文化博大精深，絢麗多彩，形成了獨有的"盛唐氣象"，這在中國文化史上具有里程碑的意義。就銅鏡發展史而言，也從此進入了鼎盛期。隋唐鏡的材質、造型、題材、工藝都不同以往，煥然一新，可謂登峰造極。

唐鏡的新鏡種、新紋飾、新風格層出不窮、異彩紛呈。本書收錄隋及隋唐之際的銅鏡六面，餘皆爲唐鏡。禽獸博局鏡沿襲漢代博局形式，飾以六朝末至隋代流行的辟邪紋飾，又用唐代寫實藝術手法飾以飛鳥，鏡體亦厚重，本書暫將其年代定爲隋唐之際。盛唐的代表器物禽獸葡萄鏡，本書收錄有五面，其中禽獸葡萄鏡內圈飾六大一小獸，其中一獸有意暴露雄性器官，即使是在觀念開放的唐代，於銅鏡紋飾上也難得一見，顯然有宣揚生殖繁衍之寓意。在八瓣菱花鏡中，飛天仙鶴圖案及水鳥交頸紋飾，也頗具特色。

在西漢草葉銘文鏡和新莽銘文鏡以後，盛唐及其前後是銅鏡直徑還多見標準尺整數倍現象的重要時期，按唐尺（今 30.6 厘米）計算，本書唐鏡尺寸有三寸、四寸、五寸、五寸五分、六寸等。

在本書收錄的隋唐鏡中，缺乏人物故事鏡，其他諸如花卉鏡、龍紋鏡、八卦鏡等，也均僅取一二，雖作補缺，但仍顯不足。

本書收錄隋唐鏡共二十七面。

一二三　隋靈山孕寶團花銘帶鏡（搨本）

　　直徑 17.7 厘米，重量 512 克，*m* 值 2.08。緣厚 0.74 厘米。

　　圓形，圓紐，聯珠紋紐座。內區在紐座外環繞六簇團花。外區爲順時針方向三十二字
楷書銘文：“靈山孕寶，神使觀爐，形圓曉月，光淸夜珠，玉臺希（稀）世，紅妝應圖，千
嬌集影，百福來扶。”《圖典》圖 593、《中國文物精華大辭典·青銅卷》圖 1264、《陳介祺藏
鏡》圖 173、《岩窟藏鏡·隋唐》圖 13 等所錄之鏡均爲此類鏡，圖案相同，直徑略異。至隋
代，楷書已經漸趨成熟。

172

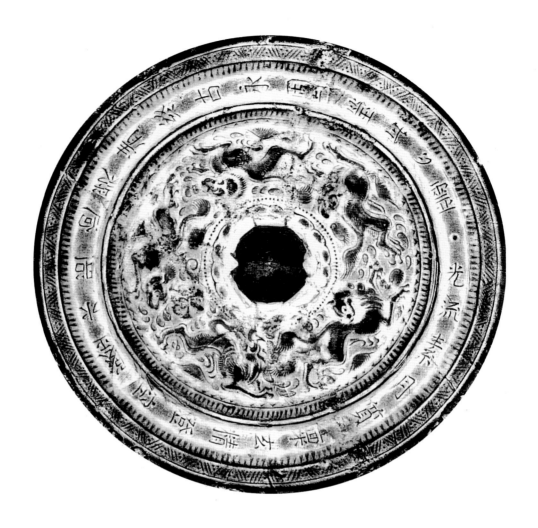

**一二四　隋光流素月瑞獸銘帶鏡（搨本）**

　　直徑 15.9 厘米（隋尺五寸五分），重量 998 克，*m* 值 5.02。緣厚 1.19 厘米。

　　圓形，圓紐，花瓣形紐座。內區五獸同向繞紐作飛奔狀。外區爲順時針方向二十四字楷書銘文："光流素月，質稟玄精，澄空鑒水，照迴凝清，終古永固，瑩此心靈。"銘文外有鋸齒紋一圈，邊緣處爲三斜短綫紋及花蕊紋。《圖典》圖 514、《陳介祺藏鏡》圖 7、《故宮藏鏡》圖 82 所錄之鏡均爲此類鏡。

　　此鏡 *m* 值 5.02，極其厚重。整體水銀古包漿，應爲隋代盛行期的標準器物。

一二五　隋唐昭仁瑞獸銘帶鏡（殘片、揭本）

　　直徑 18.8 厘米（唐尺六寸），殘片重量 364 克。緣厚 0.57 厘米。

　　圓形，圓紐，大四葉紐座。座外圍以凹面方框。內區框外對角處有大 V 紋，V 紋內各有一座三疊山巒。方格與 V 紋將主紋區分成四區，殘片中僅剩兩區，分別是天祿和辟邪。內區邊緣圍以聯珠紋和輻射紋。外區圍以楷書銘帶，全文應是三十二字："昭仁晒德，益壽延年，至理貞壹，鑒保長全，窺妝起態，辨貌增妍，開花散影，凈月澄圓"。此殘片僅存銘文前十三字和後四字。

　　此鏡有漢代博局紋之遺風，應爲隋至初唐之器物。

*174*

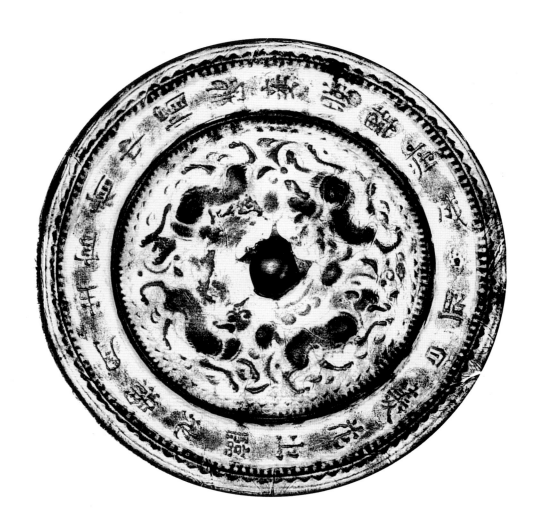

一二六　隋唐照日瑞獸銘帶鏡（揚本）

　　直徑 10.4 厘米（唐尺三寸），重量 212 克，*m* 值 2.5。緣厚 0.76 厘米。

　　圓形，圓紐，圓紐座。座外雙綫高圈將紋飾分成内外兩區，内區四個獅形獸環紐同向作奔跑狀。外區爲順時針方向二十字楷書銘文：“照日菱花出，臨池滿月生，官看巾帽整，妾映點莊（妝）成。”此鏡銘文通俗易懂，前兩句主要寫景，後兩句反映現實生活。漢鏡銘文多三言句和七言句，歷史進入隋唐後，銘文句式完全變了，隋時多四言句，初唐多五言句，進入盛唐以後，句式日漸豐富。

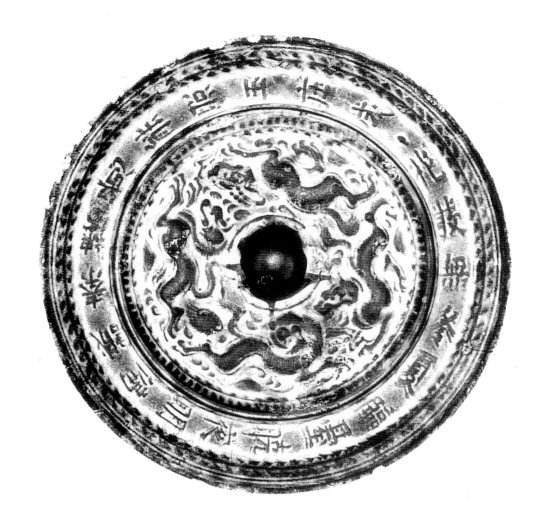

一二七　隋唐花發瑞獸銘帶鏡（搨本）

直徑 10 厘米（唐尺三寸），重量 233 克，m 值 2.95。緣厚 0.72 厘米。

圓形，圓紐，圓紐座。鏡背紋飾被兩周聯珠紋和一周弦紋組成的高棱分爲內外區。內區紋飾爲兩兩相對的四隻瑞獸，呈奔騰跳躍狀。外區爲順時針方向二十字楷書銘文：“花發無冬夏，臨臺曉夜明，偏識秦樓意，能照玉莊（妝）成。”邊緣爲兩周聯珠紋。斜三角緣。

此鏡在鑄造時，曾發生過模具移位的情況，致使銘文出現“重影”。

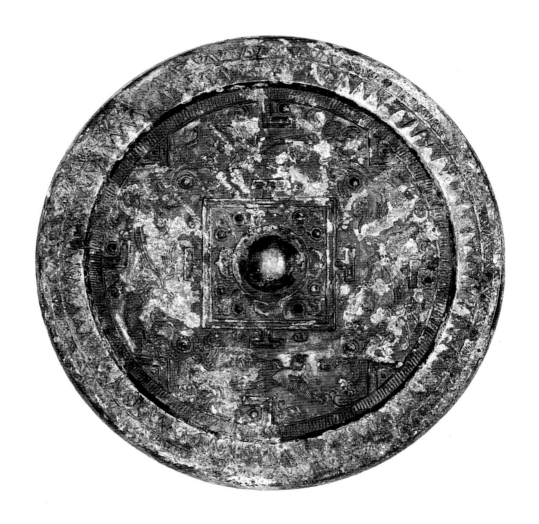

176

## 一二八　隋唐禽獸博局鏡

　　直徑 18.5 厘米（唐尺六寸），重量 1143 克，m 值 4.2。緣厚 0.67 厘米。

　　圓形，圓紐，圓紐座。座旁四面圍四葉紋以爲襯托。座外爲一周凹面方框，框内均佈八乳釘，四角處點綴雲氣紋、花枝紋。框外 TLV 博局紋與四枚小乳釘均勻分佈，T 紋與 L 紋間各有一隻展翅的同向飛鳥，呈凌雲翱翔狀。V 紋與方框外角處，有四隻長尾的同向瑞獸，姿態各異。主紋區空間佈有山形紋、雲氣紋、雙靈芝紋作爲點綴。斜邊窄素緣。

一二九　隋唐禽獸博局鏡（搨本）

　　此鏡的四葉紋紐座、凹面方框紐座區、TLV 博局紋、乳釘、邊飾以及走獸主紋，均沿用漢代博局鏡的形制和紋飾。以寫實飛鳥爲主體，却表現出唐鏡的風格。其特點：1. 乳釘改小並移位，突出表現主題紋飾飛鳥；2. 鏡體厚重，體現了唐鏡厚重大氣的一貫風格；3. 紋飾繁複却編排有序，獨具匠心；4. 銅鏡鑄製精良，衆多形象栩栩如生。

　　此鏡充分體現了中國古代銅鏡繼承和創新的發展軌跡。《陝西省出土銅鏡》圖 165 鏡與之類同。

178

一三〇　唐禽獸葡萄鏡

　　直徑 12.6 厘米（唐尺四寸），重量 485 克，$m$ 值 4.12。緣厚 1.17 厘米。

　　圓形，圓紐，圓紐座。座外雙綫高圈將紋飾分成內外兩區，內區四個獅形瑞獸環紐作同向奔跑狀，瑞獸姿態各異。外區三禽、三獸同向飛奔，種類皆不相同。禽獸前方均有葡萄，枝蔓與葉瓣交纏。邊緣爲粗短鋸齒紋與凸三角紋。全鏡水銀古包漿，有少量銹斑。

一三一　唐禽獸葡萄鏡（揚本）

　　此鏡内區四獸爲同類鏡中的典型紋飾，其他鏡種中亦可見到類似紋飾。根據紐式和緣式分析，此鏡年代應在初唐，紋飾風格較爲質樸。

　　唐代的鳥文化可謂繁榮，無論宮廷還是民間，養鳥、愛鳥、寫鳥、畫鳥成爲風尚。在盛唐的禽獸葡萄鏡中，所見的鳥類紋飾基本寫實，或雖有誇張，却並未脱離現實生活。唐詩中也屢見寫鳥的場景，可見唐代鳥文化的普遍性。

*180*

　　直徑 12.7 厘米（唐尺四寸），重量 611 克，*m* 值 4.89。緣厚 1.06 厘米。

　　圓形，伏獸鈕。雙綫高圈將紋飾分成内外兩區，内區四獅形瑞獸攀援葡萄枝蔓，或昂首，或低頭，或回望，或側視，獸間穿插着禽鳥、葡萄。外區飾八隻同向禽鳥，似爲鵲鴉或芙蓉鳥。鳥的尾部拉長，疑製作銅鏡時有一定的誇張。凸三角紋緣。全鏡水銀古包漿，有少量銹斑。

一三三　唐禽獸葡萄鏡（搨本）

　　此鏡內外區共有十一隻鳥，是人們生活中常見的鳥類。禽獸葡萄鏡出現伏獸紐時，$m$ 值也比較大，當是盛唐之物。從邊緣紋飾和圖案的精細度來看，又應在其早期，具體而言似爲武則天時期。

## 一三四　唐禽獸葡萄鏡

　　直徑 16.8 厘米（唐尺五寸五分），重量 1239 克，$m$ 值 5.66。緣厚 1.44 厘米。

　　圓形，伏獸紐。一圈珠點凸棱將紋飾分成兩區，內區有狻猊、龍等六獸，並以葡萄枝葉纏繞，葉紋爲五瓣狀。外區葡萄交錯排列，枝葉繁茂。其間五狻猊作同向奔跑狀，五飛禽或正視或側視。雲花紋緣。

　　此鏡與陝西西安和日本奈良出土的兩面唐鏡直徑相同，構圖一致。後兩鏡同模。

一三五　唐禽獸葡萄鏡（局部）

　　禽獸葡萄鏡主要流行在盛唐時期，紋飾内容有許多令人不解之處，至今仍稱"多謎之鏡"。波斯摩尼教於公元 7 世紀末傳入中國，海馬和葡萄在摩尼教信仰中皆是象徵符號。在信奉摩尼教的回鶻人進犯中原後，摩尼教受到牽連。會昌三年（公元 843 年），唐王朝敕天下摩尼教皆入宮，此類銅鏡也就突然消失了。

　　唐鏡鑄製以五月初五爲吉日，此鏡直徑五寸五分，内區有葡萄十串，外區有五禽五獸，許多數字都與五五有關，應爲吉祥數字，或與民間習俗有關。至今，日本民間在數字上也愛用"五"和"五五"，疑爲受到唐風影響。

184

一三六　唐禽獸葡萄鏡

　　直徑 15.4 厘米（唐尺五寸），重量 649 克，$m$ 值 3.4。緣厚 1.17 厘米。

　　圓形，伏獸紐。一周雙綫高圈將紋飾分成兩區，內區葡萄枝蔓纏繞，九串葡萄均佈在圈邊。環紐似狻猊，爲六大獸一小獸。小獸左側大獸温柔蜷身，像母獸；小獸右側大獸仰面朝天，突出雄性器官。餘四獸，或大，或小，或仰首，或低頭。其中兩隻身披鬃毛，應爲雄性，另外兩隻當是雌獸。外區同樣葡萄蔓枝纏繞，區內六禽八獸作同向奔走狀。八獸皆爲狼狐之類，形態各異。斜三角花枝紋緣。

一三七　唐禽獸葡萄鏡（局部）

　　李唐王朝對外實施了全面開放的方針，在外交、文化、習俗、禮儀等方面都出現了前
所未有的開放局面，並充分地吸收了外來文化的影響。此鏡內區瑞獸有暴露的雄性器官，
並在紋飾佈局上有意將雄獸、雌獸和小獸放在一起，顯然有宣揚生殖繁衍之意。
　　鑒於唐鏡紋飾注重寫實的特點，此鏡鏡緣之珍禽圖案或應引起相關研究者的重視。

186

一三八　唐鸚鵡瑞獸葡萄鏡

　　直徑 11.9 厘米（唐尺四寸），重量 645 克，$m$ 值 5.81。緣厚 1.18 厘米。

　　圓形，伏獸紐。單綫高圈將鏡背紋飾分爲内外兩區。内區四瑞獸同向奔馳於葡萄枝蔓間，形態各異。外區滿飾葡萄串和葡萄枝蔓，其間分佈同向禽鳥六隻，兩鸚鵡和兩雀鳥振翅飛翔，兩雀鳥棲立高枝。禽鳥間飾葡萄和五葉瓣等。紋飾圖案兩兩搭配，錯落有致。鏡緣滿佈形狀各異的雲紋。

一三九　唐鸚鵡瑞獸葡萄鏡（局部）

　　唐鏡中的鸚鵡形象並不少見，但在瑞獸葡萄鏡中却是難得一見。唐代從貞觀五年（公元 631 年）開始，即從林邑（今越南中部）引進鸚鵡。《明皇雜錄》載：“開元中，嶺南獻白鸚鵡養之宮中。歲久，頗聰慧，洞曉言詞。上及貴妃皆呼雪衣娘。……上令以近代詞臣詩篇授之，數遍便可詠誦。每與貴妃及諸王博戲，上稍不勝，左右呼‘雪衣娘’，必飛入局鼓舞，以亂其行列。”鸚鵡死後，“上與貴妃嘆息久之，爲立塚，稱爲鸚鵡塚”。玄宗宮廷畫師張萱曾以這個故事爲題，作《寫太真教鸚鵡圖》。據考，“開元中”應爲“天寶中”。

188

一四〇　唐鸚鵡唧花枝鏡（搨本）

　　直徑 25 厘米，重量 1368 克，m 值 2.79。緣厚 0.54 厘米。

　　圓形，圓紐。主紋飾爲雙鸚鵡圍紐同向環繞，口中各唧花枝。凸邊素緣。

　　此鏡在同類鏡中可屬大型鏡，然其紋飾略嫌粗糙，應係唐代中晚期之器物。在同類鏡中，據《圖典》圖 592 載：“陝西商縣博物館藏鏡徑 21.4 厘米”。浙江省博物館、河南藏家及日本鳥曲縣三朝町三佛寺（供奉）存有三面直徑皆爲 27.8 厘米的類似鏡（或稱“疑同模鏡”）。

一四一　唐鸚鵡雙雀花枝鏡（搨本）

直徑 11.5 厘米，重量 404 克，m 值 3.88。緣厚 0.78 厘米。

八瓣菱花形，内切圓形，圓紐。紋飾内區爲雙鸚鵡、雙雀鳥作同向相間環繞，其間襯以四朵折枝花。外區四組蜂蝶和葉苞花枝相間環繞。凸邊素緣。鏡面爲較好的緑漆古包漿。

此鏡特點：1. 鸚鵡在銅鏡中多作飛翔、唧綬狀，而在此鏡中則多爲站立狀；2. 鏡體包漿墨緑色，在唐鏡中不多見。

190

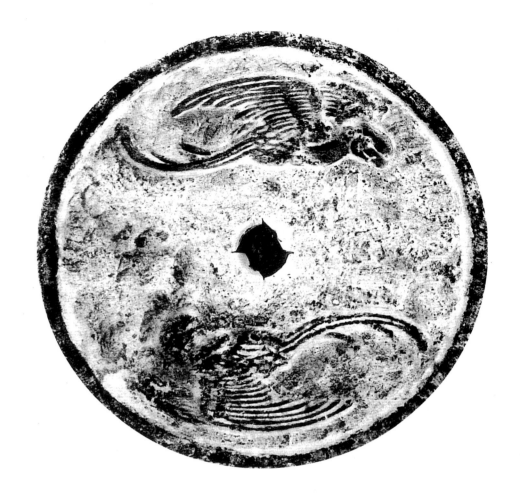

一四二　唐鸚鵡飛翔鏡（搨本）

　　直徑 13.7 厘米，重量 324 克，$m$ 值 2.2。緣厚 0.38 厘米。

　　圓形，圓紐。主紋飾是在鏡紐兩側各有一鸚鵡，首尾相連，環紐相對。鸚鵡雙翅強健勁挺，似正展翅而起。凸邊素緣。

　　此類鏡以往因認定主紋飾爲"鸞鳥"，均命名爲"雙鸞鏡"，審視鳥形，似認作"鸚鵡"更確切。此類鏡鳥嘴中常啣綬帶，如《圖典》圖 592 鏡、《故宮藏鏡》圖 102 鏡、《岩窟藏鏡》圖 77 鏡、《陝西省出土銅鏡》圖 131 鏡等。其大多流行於唐天寶以後的中唐時期。

<h3 style="text-align:center">一四三　唐雙獸雙鸞禽鳥花枝鏡</h3>

直徑 18 厘米（唐尺六寸），重量 1355 克，$m$ 值 5.34。緣厚 1.35 厘米。

圓形，圓紐。凸弦紋圈將鏡背紋飾分爲內外兩區。內區雙獸雙鸞，間以四花枝。雙獸似狻猊，作奔馳狀，雙鸞振翅翹尾。外區四對禽鳥兩兩呼應，姿勢各異。流雲紋緣。

對照《唐鏡大觀》圖 41（即《圖典》圖 543）日本金澤東馬三郎氏舊藏之鏡，兩者尺寸一致且無差異，應爲同模鏡。

192

### 一四四　唐飛天仙鶴鏡

　　直徑 12.5 厘米（唐尺四寸），重量 494 克，$m$ 值 4.02。緣厚 0.73 厘米。

　　八瓣菱花形，內切圓形，圓紐。紐外主紋區兩飛天、兩仙鶴相間環繞，其間佈滿祥雲。內切圓與八瓣菱花之間形成八個空間，均佈八組禽鳥紋飾，兩兩相同，對紐而設。在唐代，仙鶴和鸚鵡常是可載入神話故事中的禽鳥。鏡體厚重大氣，全鏡水銀古包漿。

　　根據飛天、鸚鵡形象及 $m$ 值、鏡形、包漿等諸因素分析，器物時代乃盛唐無疑。進一步探討水鳥交頸紋飾，也有可能早至風氣開放的武則天時期。

一四五　唐飛天仙鶴鏡（搨本）

　　東漢永平年間，佛教傳入中國。在新疆克孜爾千佛洞壁畫中，就有飛天形象。北魏時
的敦煌壁畫中則出現了更多的飛天。唐代是我國佛教藝術發展的鼎盛期，藝術審美觀點偏
於“豐滿”與“絢麗”，飛天形象又吸收了波斯薩珊王朝的手法和印度笈多時期的特徵，從
而形成了體態豐滿的唐代風格，展現了盛唐氣象。

194

一四六　唐雙龍鴛鴦鏡（搨本）

　　直徑 13.8 厘米，重量 395 克，m 值 2.63。緣厚 0.58 厘米。

　　八瓣菱花形，內切圓形，圓紐。內區紐上下各有一龍，紐上一龍身軀盤曲，後肢伸至龍頭上方，紐下一龍昂首曲頸作奔馳狀。紐兩側爲一對鴛鴦，靜立在盛開的花瓣上。內區還有五朵流雲作爲點綴。外區飾四隻蜂蝶和四朵流雲相間環繞。凸邊素緣。鏡面的鑄造收縮紋較明顯。

　　此鏡是典型傳世品，除鏡背沾有少量銹跡外，全鏡通體爲完美的黑漆古包漿，黑色鏡面依然光可鑒人。其盛行於中唐時期，在當時比較常見。

一四七　唐雙鸞天馬雲紋鏡（搨本）

　　直徑 18.5 厘米（唐尺六寸），重量 888 克，$m$ 值 3.33。緣厚 0.68 厘米。

　　八出葵花形，內切圓形，圓紐。內區爲雙鸞面紐相對而立，紐上方爲一朵祥雲，紐下方爲一匹天馬，馬口啣蓮蓬一枝。外區爲蜂蝶、折枝花、祥雲相間環列。凸邊素緣。此鏡通體水銀包漿，光亮色澤已褪。

　　此鏡構圖規整，厚重大氣，整體呈現盛唐風範。古代銅鏡常被用作嫁女的嫁妝或娶妻的聘禮，與結婚生育、子孫繁衍有關，故銅鏡紋飾常帶有此類寓意。

196

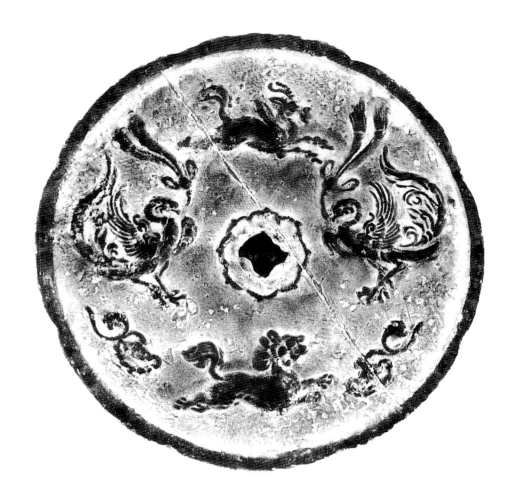

一四八　唐雙鸞啣綬雙獸鏡（搨本）

　　直徑 16.8 厘米（唐尺五寸五分），重量 656 克，m 值 2.95。緣厚 0.43 厘米。

　　八出葵花形，圓紐，八瓣菱花紐座。雙鸞面紐振翅相對而立，鸞口啣綬。紐上方爲一帶翼雙角神獸，下方爲一獸，大頭、寬臉、短頸、鬣毛蓬鬆，當爲狻猊。兩獸同向，均呈奔馳狀。狻猊前後均有祥雲。凸邊素緣。

一四九　唐雙鸞雙獸鏡（搨本）

　　直徑 16.7 厘米（唐尺五寸五分），重量 624 克，*m* 值 2.85。緣厚 0.43 厘米。

　　圓形，圓紐，八瓣菱花紐座。主紋飾爲雙鸞振翅，相對而立，紐上方帶翼雙角神獸和下方狻猊同向，均作奔馳狀。凸邊素緣。通體水銀古包漿。

　　唐開元十七年（公元 729 年），左丞相張説上表《請八月五日爲千秋節表並敕旨》曰："上萬歲壽酒，王公戚里，進金鏡綬帶"。向皇帝獻金鏡是千秋節上一項重要的活動。孫克讓認爲："此類鏡至少有十餘種。"雙鸞鏡是其中主要的一個鏡種。開元十八年後，皇帝向四品以上的王公大臣頒賜金鏡，纔出現由揚州鑄製帶有"千秋"字樣的名副其實的千秋鏡。

198

一五〇　唐鵲繞花枝紋飾鏡（搨本）

直徑 11.6 厘米，重量 339 克，*m* 值 3.2。緣厚 0.51 厘米。

八瓣菱花形，內切圓形，圓紐。主紋飾爲鳥鵲與四花枝相間環繞，其中兩鳥長尾似鵲鴉，兩鳥短尾似鳧雁，形態略有差異。外區八菱花弧內，有蜂蝶和折枝花各四組相間配飾。凸邊素緣。

唐鏡以鳧雁、鴛鴦等作爲裝飾題材，原因在於這些水鳥多成雙成對，象徵忠貞的愛情。

一五一　唐四鳥雲紋鏡〔搨本〕

　　直徑 10.1 厘米（唐尺三寸），重量 297 克，$m$ 值 3.71。緣厚 0.77 厘米。

　　八瓣菱花形，內切圓形，圓紐。紐外兩鳧雁、兩鳥鵲與四朵雲紋相間環繞，兩鳥鵲口啣昆蟲。四鳥同向，均斂羽而立。外區內四組流雲和花枝間飾其間。凸邊素緣。通體黑漆古包漿。

　　《圖典》圖 550 中稱："雀繞花枝鏡中，四鳥都棲立的形式不多。"

200

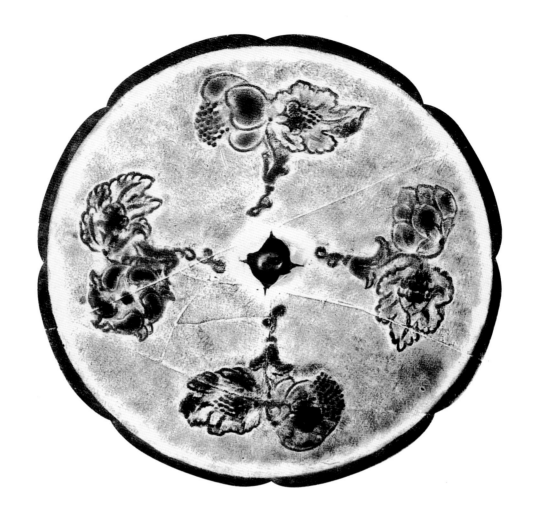

一五二　唐四花鏡〔搨本〕

直徑 19 厘米，重量 993 克，$m$ 值 3.5。緣厚 0.61 厘米。

八出葵花形，圓紐。紐外圍花。四花苞中，兩朵近似，綻開的蓓蕾中花籽簇擁，寓意多子多孫。

此鏡與《圖典》圖 600 西安唐墓出土鏡基本相同。

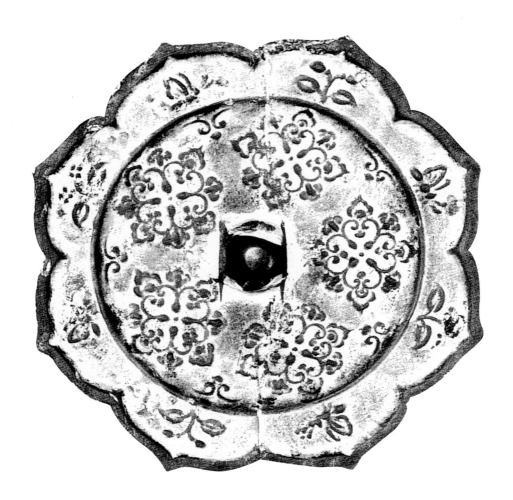

一五三　唐散點寶相花鏡（搨本）

　　直徑 10.4 厘米（唐尺三寸），重量 244 克，*m* 值 2.87。緣厚 0.54 厘米。

　　八瓣菱花形，內切圓形，圓鈕。鈕外爲圖案化的寶相花五組，環鈕分佈。外區四組蜂蝶和四枝折枝花相間配飾。凸邊素緣。

　　此鏡與《圖典》圖 610 鏡的規格和紋飾均相同。

202

一五四　唐四仙騎獸駕鶴鏡（搨本）

　　直徑 11.9 厘米（唐尺四寸），重量 205 克，*m* 值 1.84。緣厚 0.51 厘米。

　　八出葵花形，内切圓形，圓鈕。主紋爲四仙人騎獸駕鶴同向環鈕，騰空飛翔。仙人頭戴冠帽，腰帶向後飄拂。外區彩雲和蜂蝶相間配飾。凸邊素緣。

　　此鏡與《圖典》圖 618 鏡的規格和紋飾均相同，表現的是求仙思想。

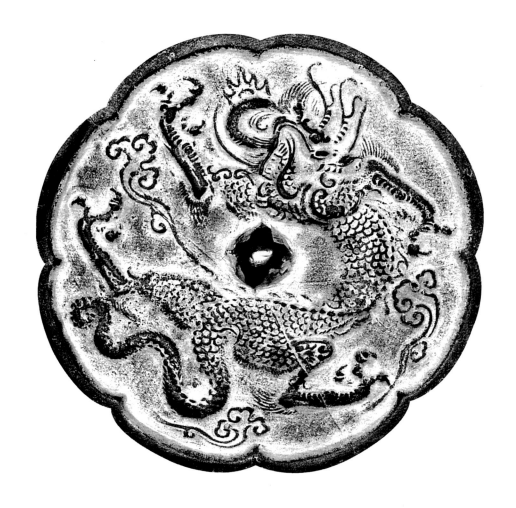

一五五　唐單龍鏡（搨本）

　　直徑 11.9 厘米（唐尺四寸），重量 314 克，$m$ 值 2.83。緣厚 0.37 厘米。

　　八出葵花形，圓紐。與一般單龍鏡不同，此鏡龍的身軀在紐下一側盤曲，龍首近鏡緣，
曲頸回首，後肢一曲一伸，不與龍尾糾結。紋飾空間點綴祥雲三朵。凸邊素緣。通體水銀
古包漿，有少量浮面綠銹。

　　此鏡與《圖典》圖 651 鏡相似，後者出土於唐開元二十六年（公元 738 年）的紀年墓
中，説明單龍鏡在盛唐即已流行。

204

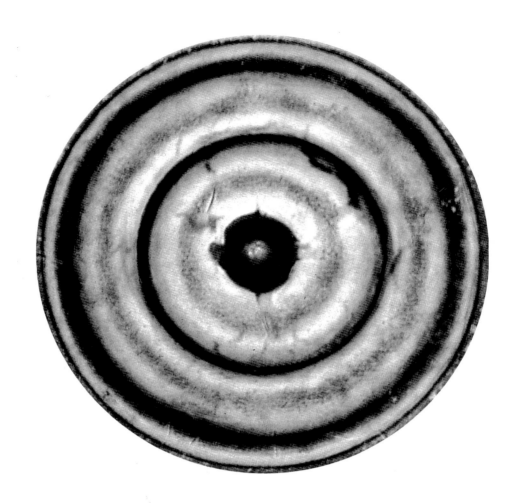

一五六　唐重輪鏡（搨本）

直徑 8.7 厘米，重量 410 克，$m$ 值 6.95。緣厚 1.32 厘米。

圓形，圓紐，紐外和鏡緣各有一輪。直立高邊素緣。

這是唐晚期數量較多的一個素鏡品種，在當時甚爲流行。五代與北宋時也發現有此類鏡，可見其影響深遠。唐鏡一般都較厚重，$m$ 值多爲 3～4，盛唐禽獸葡萄鏡 $m$ 值多在 4～5.5。而此鏡 $m$ 值幾乎是 7，可能是目前所知較厚重銅鏡的典型器物。

五代宋鏡

　　唐末，藩鎮割據，爭戰不斷。公元907年，朱温廢唐自立，建後梁。從此中國進入紛亂動盪的五代十國時期，據《舊五代史》載：爲奪揚州、廣陵等地，"六七年間，兵戈競起；八州之內，鞠爲荒榛。環幅數百里，人煙斷絕"。名揚中外的唐代揚州鏡從此消失。

　　公元937年南唐代吳，在其都城江寧府（今江蘇南京）鑄"都省（或都城）銅坊"鏡。此類鏡一般均加鑄"官"字和"匠人某某"字樣，後又陸續製作"千秋萬歲"鏡、素鏡、纏枝花草鏡、花鳥鏡、神仙人物故事鏡等。中國的鑄鏡業在兵荒馬亂之中，總算得以延續。

　　據《資治通鑒》載：南唐"承吳昌盛之基，以慈儉治民，故江南民生日益豐阜"。經濟的繁榮與民生的安定，促成了南唐文化的昌盛。在南唐滅閩前，閩地建州藉閩北銅礦，鑄錢、鑄鏡。閩亡後，建州歸屬南唐，銅鏡鑄製在江河日下之中，湧起一個小高潮。五代、宋名鏡佳作雖寥若晨星，然蒼穹之中終有閃爍。

　　北宋中晚期，隨着生產的發展和經濟的繁榮，銅鏡製作開始注重實用。湖州、饒州等銅鏡作坊地多達幾十處，作坊鏡日益興旺。作坊鏡銘文主要是商業宣傳用語，材質多爲高鉛銅，易於鑄製，成本降低。就材料質量和工藝水平而言，宋鏡已完全不能與富麗堂皇之唐鏡相提並論。

　　五代、宋（尤其是南宋）的鏡形多種多樣，有圓形、方形、鐘形、爐形、鼎形、盾形等二十餘種，但瓶形鏡在宋鏡中難得一見。這一時期的銘文書法多姿多彩，諸如篆書、隸書、楷書、行書、變形等等，無不具備，但行書在宋鏡中較少見。

　　本書收録五代、宋鏡共十九面。

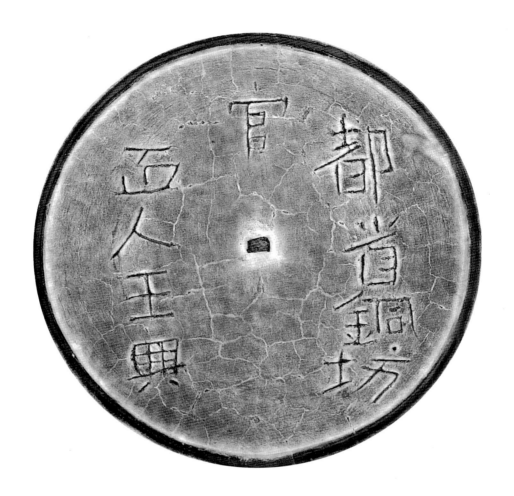

**一五七　五代都省銅坊鏡（搨本）**

　　直徑 17.4 厘米，重量 210 克，$m$ 值 0.88。緣厚 0.31 厘米。

　　圓形，瓦片紐。紐外爲工匠手寫體九字銘文："都省銅坊　官　匠人王典。"窄脣邊素緣。

　　因適逢亂世，戰事頻仍，唐代名揚中外的揚州鑄鏡業從此一蹶不振。其後的都省銅坊鏡作坊地名稱多有變動，十國吳稱爲金陵府，南唐改稱江寧府，北宋開寶復稱昇州，即今江蘇南京。由於唐末的戰亂，銅業蕭條，以至當時實施銅禁，衹准官方鑄鏡。缺銅也造成了銅鏡的輕薄，《故宮藏鏡》圖 126 鏡之 $m$ 值僅 0.7。據查，此類鏡署不同工匠姓名多達二十餘個。

## 一五八 五代"官"字鏡

　　直徑 21.8 厘米，重量 815 克，$m$ 值 2.18。緣厚 0.52 厘米。

　　圓形，小圓紐。素而無紋，祇是在紐上方銘鑄一"官"字。寬唇邊素緣。

　　此鏡素而無紋，極其簡潔。紐上所鑄這一"官"字，顯然與五代至北宋早期"都省銅坊鏡"上所鑄"官"字如出一轍，字體風格同樣瀟灑隨意，也印證了此鏡的年代與之相當。鏡形大而紐小，鏡體甚薄，素而無紋，唇邊，均爲五代至北宋早期鏡的基本特徵。

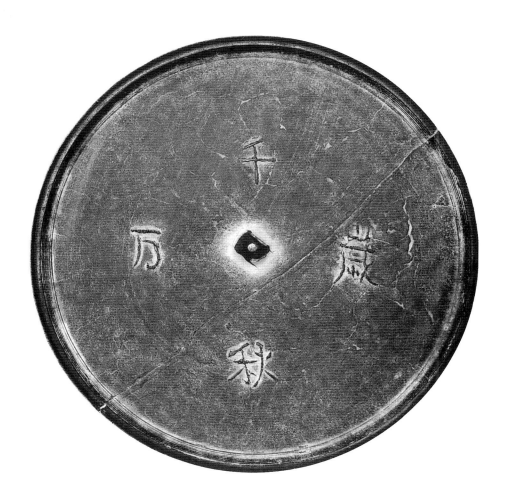

一五九　五代千秋萬歲銘文鏡（搨本）

直徑 24.5 厘米，重量 770 克，m 值 1.63。緣厚 0.45 厘米。

圓形，小圓紐。主要紋飾爲以上下左右序均佈的"千秋萬歲"四字銘文。唇邊素緣。

"千秋萬歲"四字在中國第一面文字鏡"大樂貴富蟠螭鏡"中就已出現。此類"千秋萬歲"銘文鏡的年代一般定爲五代，疑爲"都省銅坊鏡"作坊的後期之作。四字方向略有差異。

一六〇　五代千秋萬歲銘文鏡（搨本）

直徑 7.5 厘米，重量 45 克，$m$ 值 1.02。緣厚 0.63 厘米。

圓形，圓紐。紐外一周弦紋內，有逆時針方向均佈的四字銘文 "千秋萬歲"。外區有一個圓角弧邊的四邊形，八條花枝紋均置於在四邊形的內外。直立邊素緣。

"千秋萬歲" 係祝人長壽之辭。《韓非子·顯學》曰："千秋萬歲之聲聒耳，而一日之壽無徵於人。"五代千秋萬歲鏡存世不少，各種尺寸都有，但大多僅以文字為飾，鑄銘文並配飾花枝者較少見。

一六一　五代、宋葵形雙鳳鏡（搨本）

　　直徑 18.5 厘米，重量 678 克，*m* 值 2.67。緣厚 0.55 厘米。

　　六出葵花形，圓紐，渦狀葉片紋紐座。座外四組六群車削凹槽綾紋，一群有三槽綾。
飾有順時針方向八字手寫體銘文："建州黃小七青銅鑄"。斜邊平素緣。

　　此鏡特點：1. 延續都省銅坊鏡工匠署名的習慣，但內容更多，既標明了地名，又注明
了材料成分；2. 從凸弦紋上可見車削痕跡，這是迄今為止在銅鏡上見到最早的較為明顯的
機械加工痕跡。

212

## 一六二　五代、宋方形鳳凰鏡（搨本）

　　邊長 16.2 厘米，重量 640 克，m 值 3.11。緣厚 0.52 厘米。

　　方形，瓦片紐，渦狀葉片紋紐座。座外依次有三組車削凹槽綾紋，前兩組間設有順時針方向八字手寫體銘文："建州黃小八青同鑄"。斜邊平素緣。

　　此類鏡大部分都爲雙鳳，頭皆朝內，頂無羽。此鏡兩禽之一頭朝外，頂有兩根長羽，應爲凰，故稱鳳凰鏡，與衆不同。

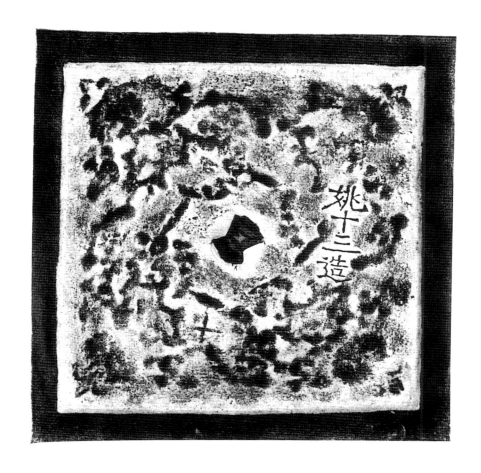

一六三　五代、宋方形姚十三造鏡（搨本）

　　邊長 10.5 厘米，重量 218 克，m 值 2.51。緣厚 0.34 厘米。

　　方形，圓紐。主紋飾爲四花，但因紋飾模糊，已不易辨認。在紐右側，銘鑄陽文“姚十三造”，顯然係工匠自署名。紐左下側有一“十”字。寬素邊，斜直緣。此鏡通體黑漆古包漿，正面包漿似薄雲，至今仍有照容功能。

　　五代鏡銘文，最早爲“都省（或都城）銅坊”，或“官”字，或再署工匠名，這些銘文書體風格接近，似出自同一人之手，疑爲銅禁時期官府嚴格管理所致。五代、北宋之際銅鏡品種增加，字體各異。

214

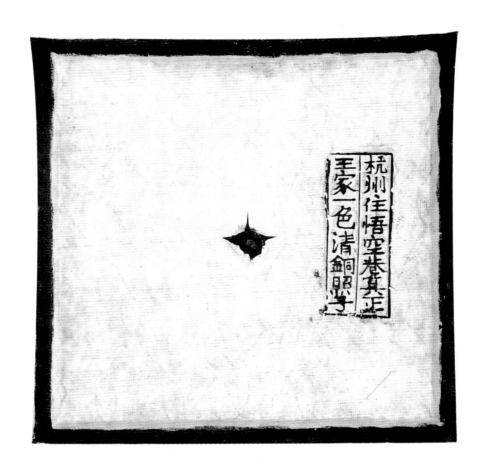

一六四　北宋方形杭州王家鏡（搨本）

邊長 13.3 厘米，重量 433 克，m 值 2.45。緣厚 0.5 厘米。

方形，圓粒紐。紐右側長方框内有兩行直寫十六字楷書銘文："杭州住悟空巷真正王家一色清銅照子"。全鏡黑漆古包漿。

此鏡署"杭州"地名，且銅質較好，年代應在北宋時期。

## 一六五　北宋高邊重輪紋鏡

　　直徑 13.8 厘米，重量 544 克，$m$ 值 3.63。緣厚 1.47 厘米。

　　圓形，圓紐。紐外均佈三組凸弦紋（重輪）。在邊緣外側有二十四字陰刻銘文："建州處士坊東延福□　大中祥符二年捌月日　通判莫（花押）　知州周（花押）"。直立邊素緣。

　　筆者曾取樣同時期典型建州鏡的殘片碎粒作能譜分析，其成分比例較爲特殊，重量百分比爲銅 62.51%，錫 18.46%，鉛 16.39%，可謂 "金六分，銅四錫一鉛一"。對歷代鏡體成分進行概括可知，漢唐鏡是 "高錫"，南宋鏡是 "高鉛"，明清鏡是 "高鋅"，北宋建州鏡却是 "錫鉛相當"，其金屬成分與年代一樣都具過渡色彩。

216

一六六　北宋高邊重輪紋鏡（局部、搨本）

　　爲邊款銘文，筆者前往建甌（即古建州）博物館請教。該館館藏三鏡皆有銘文，其中一鏡十九字陰刻銘文爲“建州安樂坊李□大中祥符二年捌月　日　通判莫（花押）”。另從鏡友處查到類似銘文有兩鏡。分析此六鏡的銘文有以下共同點：1.均爲陰刻，字跡相近；2.均署建州地名和鑄鏡年月；3.年月均爲“大中祥符二年捌月日”；4.官員名稱中通判均姓莫，知州均姓周；5.官名後均有花押；6.鏡中“坊”名不同，還有“江君坊”等。六鏡中五面鏡銘文署在鏡背上，僅此鏡署在鏡邊緣處。

一六七　北宋雙龍雙鳳鏡（搨本）

　　直徑 35.2 厘米，重量 3136 克，m 值 3.22。緣厚 0.62 厘米。

　　圓形，小圓紐。紐外，上下各爲一團龍紋飾，左右各爲一團鳳紋飾。唇邊素緣。

　　根據此鏡的鳳紋、風格、唇邊鏡緣、小紐鏡型及鏡面光澤等情況綜合分析，其年代當
在五代晚期至北宋早期。曾見一面四鳳鏡與此鏡銅質相同、紋飾風格類似。該鏡有"建州
大中祥符二年（公元 1009 年）"字樣，故此鏡亦當爲同時代的建州鏡。具體年代疑在北宋
王朝建立後，偏安江南的南唐後主李煜時期（公元 961～975 年），或稍晚一些。此鏡紋飾
優美，綫條簡潔。

218

一六八　北宋雙龍雙鳳鏡（局部、搨本）

　　自從唐末名揚中外的揚州鑄鏡業消失後，直至湖州鏡（最早在宋徽宗建中靖國年間）取而代之的近兩百年間，無論都省銅坊鏡還是建州鏡鏡背紋飾中均少見有龍紋出現。團龍團鳳紋飾在宋、元、明、清皇室用品中屢見不鮮，但起於何時有待考證。此鏡至晚應是北宋早期。

　　南唐後主李煜在金陵有江南禁苑，曰北苑。時置北苑使，善製茶，人競貴之，謂北苑茶。北宋太宗太平興國（公元 976～984 年）初，創北苑御園，始產龍鳳茶。據《宣和北苑貢茶録》載，"其地（北苑）有官私之焙場一千三百三十六所"。真宗咸平（公元 998～1003 年）初，正式定名"龍鳳團"茶。團龍團鳳紋飾或由此出。

一六九　北宋雙龍雙鳳鏡（局部、搨本）

　　據《宋史·食貨下》載："時銅錢有四監：饒州曰永平，池州曰永豐，江州曰廣寧，建州曰豐國。"建州（今福建建甌）地處閩西北，至今建甌城東十五里銅坑遺址尚存。該地區遠在商代即鑄青銅，戰國署名兵器"湛廬"劍即出自城東一百五十里的松溪湛廬山。北宋初年官方四大鑄幣中心之一的豐國監就在建州。

　　北京賞心齋藏有一面方形雙鳳建州鏡，其十字手書銘文"豐國監造官（押）匠人林八鑄"，爲説明豐國監不僅鑄錢而且還鑄鏡，提供了確鑿的實物依據。

220

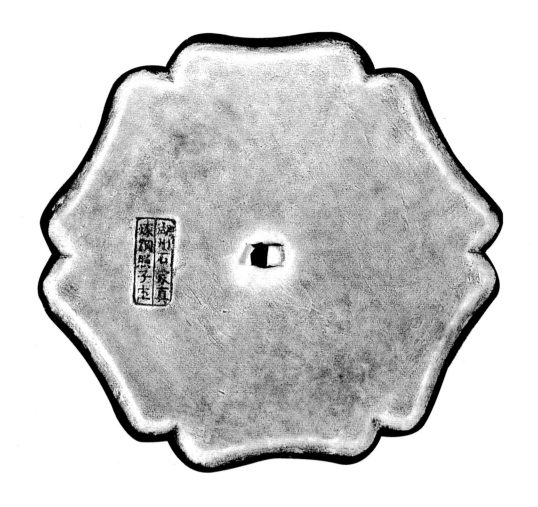

一七〇　宋棱邊形湖州石家鏡（搨本）

　　直徑 21 厘米，重量 1035 克，$m$ 值 2.99。緣厚 0.69 厘米。

　　六出棱邊形，瓦片紐。紐側長方框內有兩行直書十字銘文："湖州石家真煉銅照子店"。通體水銀古包漿，光澤已褪。斜邊窄素緣。

　　宋人避諱甚多，宋改"鏡"爲"照子"或"監子"，是避諱宋太祖趙匡胤之祖"敬"字。紹興三十二年（公元 1162 年），朝廷規定"敬"字不再避諱。宋鏡可以用"鏡"字，應在此之後。

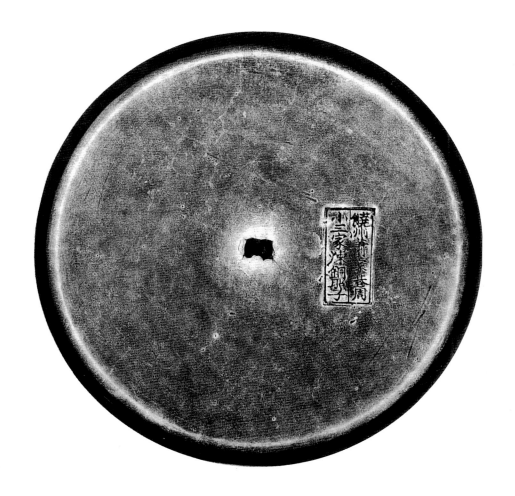

一七一　宋饒州周小三鏡〔搨本〕

　　直徑 16.5 厘米，重量 670 克，$m$ 值 3.13。緣厚 0.45 厘米。

　　圓形，橋形紐。紐側長方框內有兩行直書十二字銘文："饒州蕭家巷周小三煉銅照子"。通體黑漆古包漿。凸邊斜素緣。

　　宋代饒州是當時主要的冶銅中心之一，也是在當時全國僅次於湖州的鑄鏡中心，私家作坊衆多，以葉周兩家最爲著名。鏡形多樣，以葵形爲多，冶煉鑄造質量比湖州鏡要高。其包漿大多黑灰古，帶柔和光澤。饒州博物館藏有同銘文的鐘形鏡和盾形鏡。

222

一七二　宋葵花形真石六叔鏡（搨本）

直徑 13.8 厘米，重量 356 克，$m$ 值 2.37。緣厚 0.47 厘米。

六出葵花形，瓦片紐。紐側長方框內有兩行直書八字行書銘文："真石六叔煉銅照子"。斜邊窄素緣。鏡面的鑄造收縮紋較明顯。

此鏡係傳世品，主要特點：1. 湖州鏡中"石六叔"款少見，無湖州款的"石六叔"更少；2. 銘文書體爲罕見的行書鏡銘，有書聖王羲之遺風；3. 此鏡直徑爲漢標準尺之整六寸，查自漢至宋之歷代銅鏡直徑，這一尺寸的銅鏡數量比較多。分析原因，其一，使用時大小恰到好處；其二，歷代鑄製以六寸漢鏡爲經典。

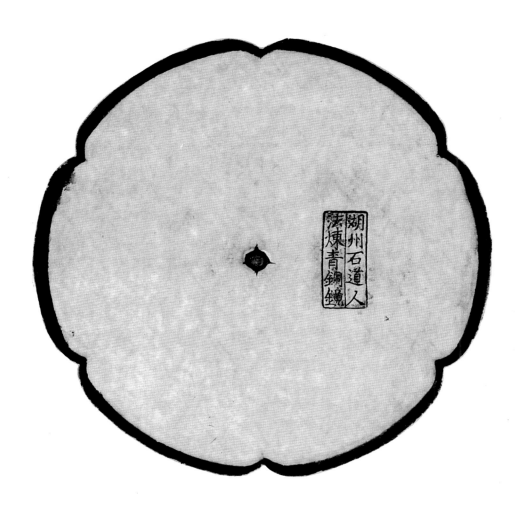

一七三　宋葵花形湖州石道人法煉青銅鏡（搨本）

　　直徑 17.3 厘米，重量 445 克，*m* 值 1.89。緣厚 0.34 厘米。

　　六出葵花形，圓粒紐。紐側長方框內有兩行直寫十字楷書銘文："湖州石道人法煉青銅鏡"。

　　1984 年臨安縣兩頭門黃泥坦宋墓出土銘文與之相同之鏡，直徑 15.7 厘米。

224

## 一七四　宋龜靈鶴壽鏡（搨本）

直徑 5.9 厘米，重量 55 克，$m$ 值 2.01。緣厚 0.33 厘米。

圓形，圓粒紐，小四葉紋紐座。座外按上右下左順序佈四個九疊篆大字："龜靈鶴壽"。

據明代甘旸《印章集》載："國朝官印用九疊而米，以曲屈平滿爲主，不類秦漢制，此種書體盛行於金代官印中，後爲元、明、清所繼承。"宋仁宗趙禎寶元年間，爲避錢文重"寶"字，而鑄行非年號錢的皇宋通寶，其中有一種九疊篆，因屬錢文孤例，名貴異常，現將其搨片也列在書內，以供參考。九疊篆官印都作朱文，盛行於宋、遼、金、元、明時期。

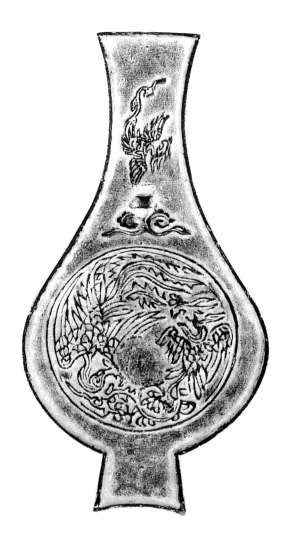

一七五　宋瓶形雙鳳鏡（搨本）

高 25.8 厘米，重量 721 克。緣厚 0.58 厘米。

長頸，圓腹，高足，小紐。瓶頂處飾一鷺鳥，下爲兩朵雲紋襯托鏡紐。瓶腹處飾一周細弦紋，內圍以雙鳳。直立三角緣。

瓶、鏡諧音"平"、"静"。在室內（古代多爲中堂）同置瓶與鏡，是中國傳統習俗中常見的現象，表達了人們祈求生活平安、寧静的良好願望。此鏡紋飾淺雕細刻，工藝精湛。

226

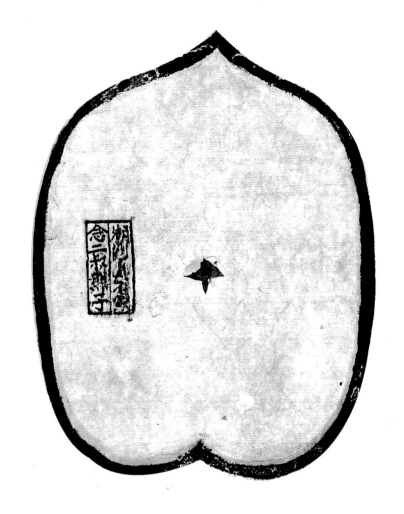

**一七六　宋盾形湖州鏡（搨本）**

高 18.6 厘米，重量 763 克。緣厚 0.59 厘米。

盾形，瓦片紐。紐側長方框內有兩行直寫十字銘文："湖州真石家念二叔照子"。唇邊素緣。

宋鏡是中國銅鏡史上鏡形最豐富的一個時期，有圓形、正方形、長方形、六邊（角）形、八邊（角）形、六棱邊形、八棱邊形、四方委角形、亞字形、花葉形、方菱花形、六瓣菱花形、八瓣菱花形、六出葵花形、八出葵花形、鐘形、爐形、鼎形、桃形、盾形、瓶形、瓢形、有柄形等二十餘種。此鏡唯尺寸較大。

一七七　宋鐘形河澄皎月鏡（搨本）

高 17.2 厘米，重量（帶環）896 克。緣厚 0.82 厘米。

鐘形，環形紐。中部雙劍並列，兩劍外側爲八字隸書銘文：“河澄皎月，波清曉雪”。這是一首在當時很有名的回文詩。雙劍之間置三足煉丹爐，爐下有一長方形印章：“李□分造”。斜立緣。

江蘇武進曾出土類似鏡形及相同銘文的銅鏡。

228

一七八　宋長方形嬀汭傳家鏡（搨本）

　　邊長 17.3×10.7 厘米，重量 528 克，$m$ 值 2.87。緣厚 0.67 厘米。

　　長方形，圓粒紐。紐兩側各有一行四字精美魏碑體銘文："嬀汭傳家，子孫寶之"。斜立緣。此鏡第一字左邊旁爲"开"，通假即"嬀"字。嬀，古水名，位於今山西西南。汭，即河流彎曲處。《史記·五帝本紀》載：堯在選擇繼任人時，爲考察舜的德行，"於是堯妻之二女（娥皇、女英），觀其德於二女。舜飭二女於嬀汭，如婦禮"。古人在娶媳嫁女的銅鏡禮品上，鑄以"嬀汭"字樣，應是祝願成婚新人之間的愛情如舜與湘妃一樣美好。"嬀汭傳家，子孫寶之"，當是希冀新人及其後代注重德行、操守。

捌

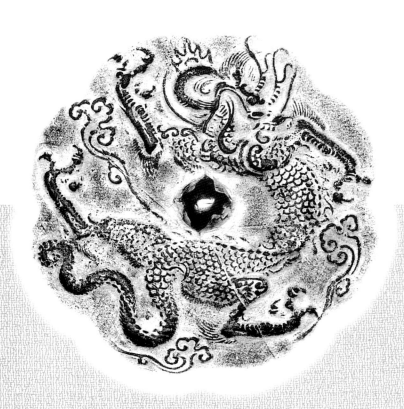

遼 金 元 鏡

公元 916 年，契丹族建契丹國。公元 947 年，改爲遼國。公元 1125 年，被金所滅。遼鏡品種有十餘個。其承繼唐與五代之遺風，融入宋鏡風格，並影響了金元兩代，在北方少數民族的銅鏡鑄製中，起到了承上啓下，繼往開來的作用。

公元 1115 年，女真族創建金國。公元 1234 年，金在蒙古和南宋的夾擊下被滅。在中原銅鏡日趨衰落之時，金鏡在北國異軍突起。金鏡受唐宋文化影響至深，多採用唐鏡高浮雕的鑄製工藝，沿用宋鏡多樣的鏡形，選用女真族喜聞樂見的題材，形成了獨特的風格，別開生面，富有生氣。金鏡紋飾優美，品種繁多，其中不乏精品。菱花形達摩渡海鏡和菱花形煌丕昌天海舶鏡鑄製精良，題材新穎，紋飾流暢，當不在宋鏡之下。菱花形雙龍鏡雄渾粗獷，大氣厚重，且有銘文，是金早期銅禁未開之時的典型器物。葵花形單鳳鏡紋飾奇特，帶有少數民族風格。

公元 1206 年蒙古族鐵木真創建蒙古汗國，公元 1271 年定國號爲元。公元 1279 年滅南宋，統一全國。公元 1368 年被明所滅。元代自公元 13 世紀末開始，逐步恢復手工業，然銅鏡品種較少，紋飾粗糙簡略。短柄佛字鏡爲元代的典型器物。

本書收録遼、金、元鏡共九面。

一七九　遼蜂窩紋鏡（揚本）

　　直徑 12.2 厘米，重量 118 克，$m$ 值 1.01。緣厚 0.2 厘米。

　　圓形，小圓紐。紐外雙綫方框，框間爲一周聯珠紋。框內四角爲四隻蜜蜂。框外爲成片蜂窩紋。鏡邊爲聯珠紋和細弦紋。平唇邊素緣。

　　此類鏡是遼鏡的典型品種，《遼代銅鏡研究》稱之爲 "龜背紋"，並將紐旁的四蜂認作 "四蝶"。筆者認爲蜂身大翅小、蝶身小翅大，連體的扁六角形紋飾如蜂窩，似稱 "蜂窩紋" 更爲貼切。

232

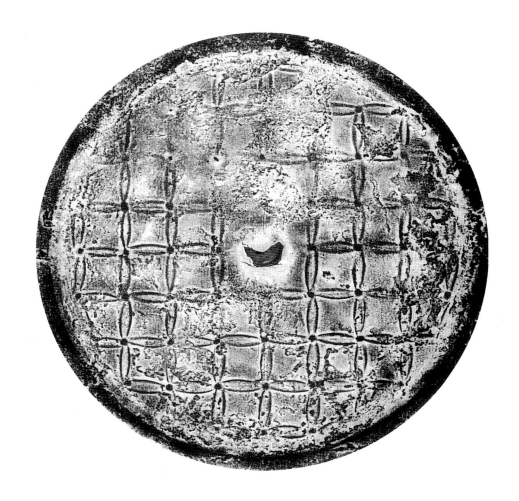

一八〇　遼球路紋鏡〔搨本〕

直徑 14.3 厘米，重量 172 克，$m$ 值 1.07。緣厚 0.3 厘米。

圓形，小圓紐。紐外滿飾聯珠紋。唇邊素緣。

《圖典》圖 687 稱爲連錢紋鏡。連錢紋鏡始於五代，宋代尤爲流行，或與宋代商品經濟的發展和宋人的價值觀有關。此鏡鏡體偏薄，$m$ 值低，紐小，應屬遼代聯珠紋鏡，似與《遼代銅鏡研究》圖 25 鏡類同。

球路紋鏡是遼鏡中的一個獨特鏡種，數量較多。

一八一　遼纏枝蕃草紋鏡（搨本）

　　直徑 13.2 厘米，重量 293 克，*m* 值 2.14。緣厚 0.72 厘米。

　　圓形，圓紐。繞紐而飾的主紋飾爲四枝葉蕃草相互纏繞，連成一體，草紋雙綫粗獷誇張，紋飾清晰，工整流暢，呈現鏡飾少有的不對稱分佈。主紋外爲兩周細弦紋。高邊素緣。

　　此鏡有不同於漢文化的情調，與《遼代銅鏡研究》圖 161、164 鏡風格相似。此類草紋鏡是在遼晚期崛起的一個新鏡種，係遼鏡的一個全新突變，一改遼中期紋飾的細膩之風。

234

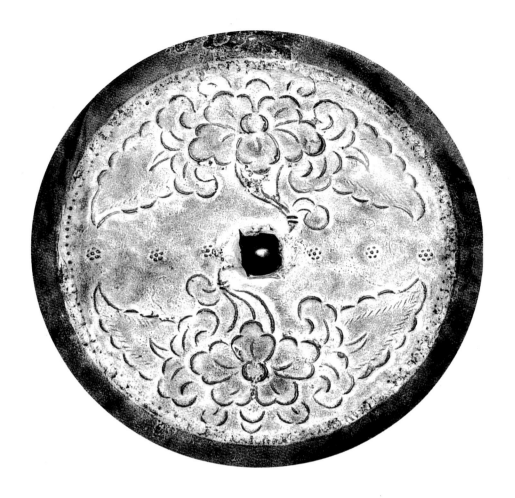

一八二　遼牡丹分花鏡（搨本）

　　直徑 15 厘米，重量 344 克，$m$ 值 1.94。緣厚 0.36 厘米。

　　圓形，圓紐。紐孔兩側各三組菱格點珠排成直行，兩側對稱分佈大葉牡丹花各一枝，近緣處飾一周點珠紋。唇邊素緣。

　　分花式鏡是典型的遼鏡，紋飾豐富，數量較多。此鏡兩花之間的菱格珠點紋是遼鏡的另一個品種，爲一鏡同時包括兩種裝飾形式。

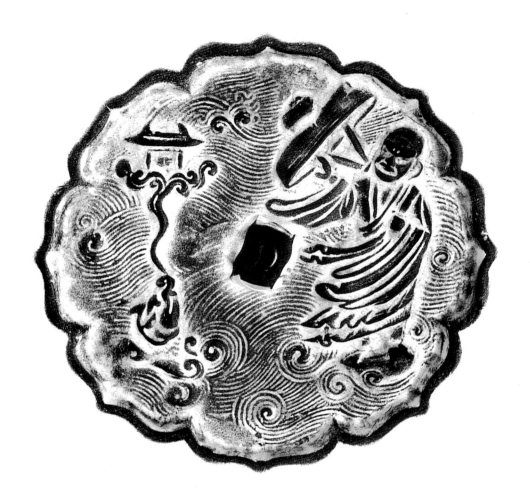

一八三　金菱花形達摩渡海鏡（搨本）

　　直徑 15.1 厘米，重量 415 克，*m* 值 2.32。緣厚 0.61 厘米。

　　八瓣菱花形，橋形鈕。鏡背滿飾表示海浪的水波紋，鈕一側有達摩（也稱"羅漢"或
"仙人"）在海浪中踏波行走，另一側海浪中凸現一座殿宇。凸邊素緣。

　　此類鏡宋、金皆有。因該鏡包漿及鏡緣均與金鏡相近，海浪之水波紋也與金代典型鏡
種——雙魚鏡的水波紋風格相近，故定爲金。又因此鏡邊緣無刻款，應爲金代銅禁放開後
的晚期之器物。通體紅色包漿。

236

一八四　金菱花形煌丕昌天海船鏡

　　直徑 17.2 厘米，重量 496 克，m 值 2.14。緣厚 0.48 厘米。

　　八瓣菱花形，圓紐。此鏡採用浮雕工藝鑄造。上有一艘巨船，四周滿飾水波紋，浪花中點綴花葉。舟船兩頭翹起，桅杆高聳。船前方祥龍騰起，紐上部有"煌丕昌天"四字。書體近似蝌蚪文的變體。文字兩側海浪中有三條大魚躍出水面。此類紋飾又可稱作"魚龍戲舟"。窄素緣。

一八五　金菱花形煌丕昌天海舶鏡（搨本）

　　在金朝的一百餘年間，宋金使者先後在海上往返十三次，磋商宋金聯合夾擊遼國事宜，並於公元1120年訂立盟約，史稱“海上之盟”。公元1161年，金海陵王完顏亮於采石（今安徽馬鞍山南）渡江攻宋，鏖戰兩天，終因宋舟大而金舟小，金軍未能集結起足够的兵力而敗北，並由此而引起兵變。金人於船有切膚之痛，巨舟大船，踏波破浪是金人的夢想。“煌丕昌天”之意即“請輝煌無比的主宰者，保佑臣民，讓我們永遠興盛吧！”此鏡無邊刻款，當是金衛紹王大安三年（公元1211年）廢銅錢、行交鈔、開銅禁後之器物。

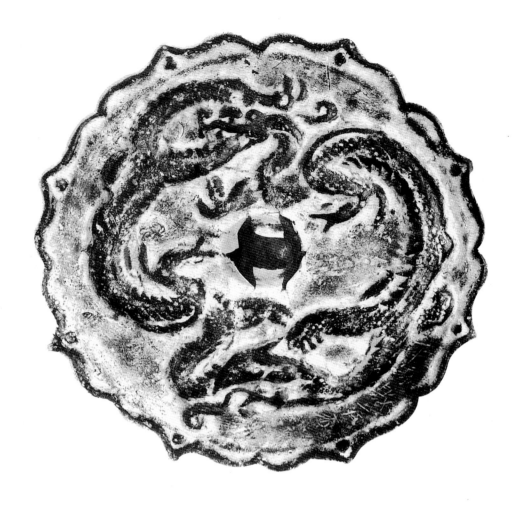

238

一八六　金菱花形雙龍鏡（搨本）

　　直徑 14.6 厘米，重量 505 克，m 值 3.02。緣厚 0.51 厘米。

　　八瓣菱花形，圓紐。紐外雙龍互相纏繞哪尾，主紋與鏡緣空處，陰刻四字"平凉縣官（押）"。鏡邊菱角尖處有八個粗點紋。鏡表呈淡鐵銹色。凸邊素緣。

　　此鏡粗獷、厚重，是典型的金鏡。因有邊刻款，故是早期銅禁未開時之鏡。金朝鼎盛時，疆域遼闊，西以河套、陝西橫山、甘肅東部與西夏交界。平凉地處甘肅東部，正屬金朝轄管。

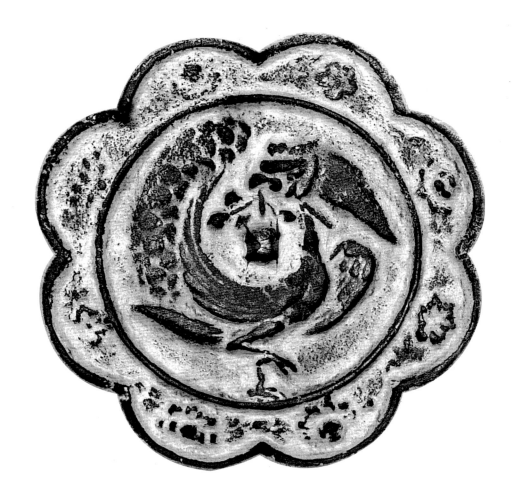

**一八七　金葵花形單鳳鏡（搨本）**

直徑 11 厘米，重量 136 克，m 值 1.43。緣厚 0.35 厘米。

八出葵花形，橋形紐。主紋區飾一鳳，冠羽很大，回首啣花，尾似孔雀。

鳳鳥形象奇特，審其紋飾風格，應非中原之物，有待考證。

金代銅鏡的主題紋飾十分豐富，既有模仿前人之作，也有別開生面的圖紋，其中不乏精品。金代流行的鏡類主要有雙魚鏡、歷史人物故事鏡、蟠龍鏡、瑞獸鏡、瑞花鏡等。

240

**一八八　元短柄佛字鏡（搨本）**

通高 12.1 厘米，鏡徑 9.3 厘米，重量 355 克。緣厚 0.63 厘米。

圓形，帶柄，無紐。鏡背中心鑄"佛"字，其外飾一方框，方框內外鑄漢文、梵文各一周。元統一中原後，又一次出現民族大融合。此鏡即爲弘揚密宗文化而專鑄之鏡。鏡銘梵文屬"蘭查體"，是元朝後期使用的一種書法，當時主要在西藏等地流行，並爲藏傳佛教所採用。準提咒文乃密宗咒語。此鏡不僅爲日常照容用具，也是驅邪納福的吉祥物。

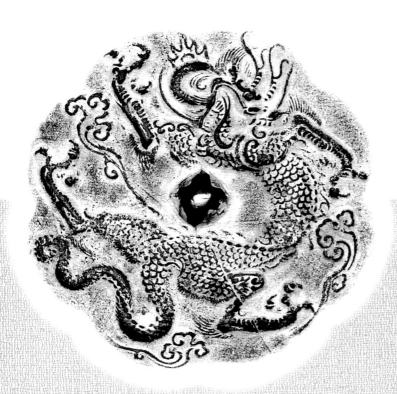

玖

明清民國鏡

*242*

公元 1368 年，朱元璋滅元，建立明王朝。明鏡多係銘文鏡，銘文主要爲吉祥用語，禳災祈福是明鏡的主題思想。明鏡多大鏡，大的直徑達 30 厘米以上；也常見掌心鏡，小的直徑不到 4 厘米，各種規格均有。明代銘文書體是繼宋後的又一個高潮，其中亦不乏書法精品。明萬曆前後還出現新的印紐鏡種。明鏡銅質一般含鋅較高，呈黃色，這是識別明鏡的主要標志之一。在本書選錄的十一面明鏡中，景泰藍"喜上眉梢"圖案鏡和草書鏡較爲少見。

從 1644 年清軍入關，至 1911 年辛亥革命推翻滿清封建王朝，清代歷二百六十餘年。至清，中國古銅鏡發展走向終點。嘉慶以降，銅鏡在與玻璃鏡並用的同時，兼作禮品與陳設之用。民國初年，鍍鎳工藝的使用，使銅鏡製作工藝簡化，光亮度提高。在農村和邊遠地區，還生産加鍍層的薄體銅鏡。

玻璃在古代曾被視爲珍寶，唐以前就多有記載，唐宋時屢有西方諸國進貢。至元代，歐亞大陸溝通，玻璃鏡日見增多。明代海運發達。明清之際，玻璃鏡光亮價廉，日趨普及，銅鏡走向終點勢所必然。中國四千年的銅鏡史至此畫上了句號。

本書收録明、清、民國鏡共十四面。

一八九　明五子登科銘文鏡（搨本）

直徑 28.8 厘米（明尺九寸），重量 1515 克，$m$ 值 2.34。緣厚 0.54 厘米。

圓形，平頂圓紐。紐外有四個圍以方框的大字楷書銘文："五子登科"。寬內凹弧素緣。

此鏡較規整，幾乎無使用痕跡。銘文書體規範、工整，應爲富家定製，或官府製作。自唐開科舉以來，宋、明、清各朝皆重科舉。"五子登科"是一千多年來常用的吉祥語之一。

244

一九〇  明景泰藍 "喜上眉梢" 圖案鏡

　　直徑 11.75 厘米，重量 205 克，m 值 1.7。緣厚 1 厘米。

　　圓形，無紐。上方滿飾梅花，下有太湖石，上下各有一喜鵲互爲呼應。"梅" 諧音 "眉"，"喜上眉梢" 是明代常見的一個吉祥語。直立緣。

　　景泰藍也稱 "銅胎掐絲琺瑯"，是北京著名的傳統工藝品，創於明宣德年間，至景泰年間（公元 1450～1456 年）廣泛流行，清代傳至海外。器物用銅胎製成，當時以藍釉最出色，故名 "景泰藍"。這項工藝被廣泛地用於各種器物，但用於銅鏡較罕見。此鏡正面似未開光（即没有使用痕跡），背面左上部有少許景泰藍剥落。器物年代屬明代無疑。

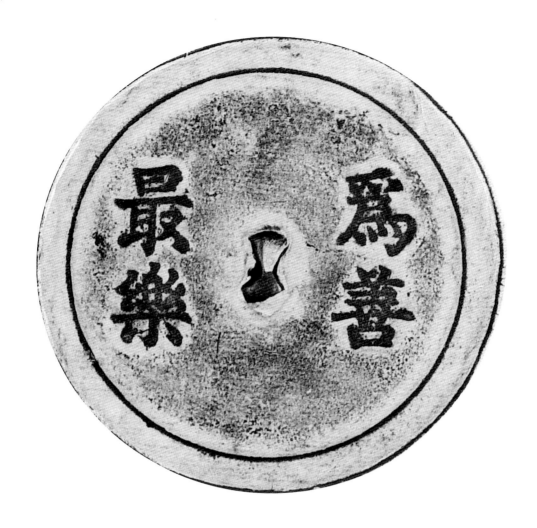

一九一 明爲善最樂鏡〔揚本〕

直徑 8.1 厘米，重量 77 克，$m$ 值 1.51。緣厚 0.4 厘米。

圓形，銀錠紐。紐兩側分別爲楷書"爲善"和"最樂"四字銘文。銘文外爲一周細弦紋。直邊素緣。

查《圖典》圖 929 鏡，兩鏡幾乎一致，疑爲同模鏡。

一九二　明宮仰峰包換鏡

　　直徑 10.9 厘米，重量 382 克，$m$ 值 4.11。緣厚 0.59 厘米。

　　圓形，小圓紐。紐一側兩行直書六字銘文："宮仰峰包換鏡"。特寬邊素緣。

　　從整個鏡飾看，此鏡年代應是明代中晚期。鏡上署工匠名或作坊主人名者，多爲印紐鏡，戳記在紐側者，較少。根據大量明鏡上三個字署名統計可知，第一個字乃工匠或作坊主人的姓氏；第二個字係"仰"、"敬"、"思"、"懷"等帶情感色彩的動詞；第三個字爲"峰"、"河"、"泉"、"溪"、"塘"等與山川河流有關的名詞，如宮仰峰、薛近河、祁懷泉、馬思塘等。明代盛行風水學，銅鏡又與五行有關，在銅鏡上署名必須順風水，利五行，纔能帶來吉祥如意。

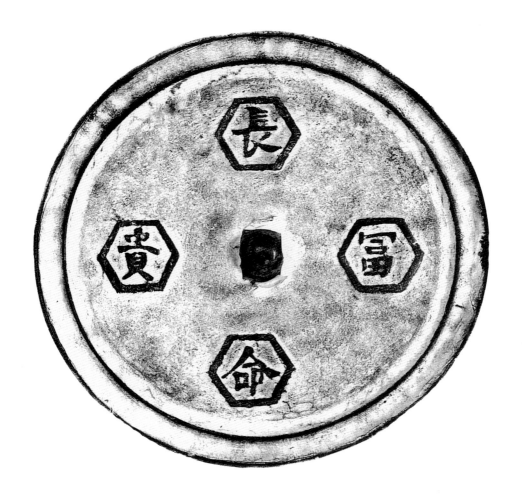

**一九三 明長命富貴鏡（搨本）**

直徑 16 厘米（明尺五寸），重量 725 克，*m* 值 3.61。緣厚 0.77 厘米。

圓形，圓紐。紐外四字銘文"長命富貴"，每字外圍以六邊形框。內凹弧素緣。

此鏡較規整，鏡徑是明標準尺整半尺，應爲誠信作坊鏡產品，或爲官製鏡。此鏡"富"字第一筆"點"缺，在中國民俗文化中，"富"字不帶點，有富貴不到頭之意。"長命富貴"，顧名思義，即壽命很長，且有錢，又做官。這也是明鏡中使用最多的吉祥語。

248

**一九四　明月樣團圓鏡（搨本）**

直徑 9.6 厘米，重量 233 克，m 值 3.38。緣厚 0.62 厘米。

圓形，銀錠紐。紐外由四瓣菱花形的雙綫弦紋將主紋區分成內外兩區。內區佈滿直排四句七言二十八字行書銘文：“月樣團圓水漾清，好將香閣伴閑身。青鸞不用羞孤影，開匣當如見故人。”外區是四組大同小異的花枝紋。內凹弧素緣。

行書在明代以前的鏡銘書體中極少見，在明鏡中則較常見。此鏡行書工整秀美。

一九五　明湖州孫家君質鏡（搨本）

直徑 8.9 厘米，重量 160 克，m 值 2.63。緣厚 0.53 厘米。

圓形，圓紐。紐兩側各有一帶花紋的長方形綾框。右框內有五字銘文："湖州孫家造"。左框內有四字銘文："青鸞寶鑒"。紐上下各有一大字，上爲"君"，下爲"質"，兩字書體皆爲鏡銘中少見的"魏碑"體。斜邊內凹面素緣。

湖州鏡以數量論，石家鏡居首位，孫家鏡也不少。此鏡特點：1. 十一字銘文佈局新穎；2. 探討與研究銘文鏡，一是看內容，二是認書體。銘文書體中少見者是行書和魏碑。

250

**一九六　明湖州孫家仲明鏡（搨本）**

　　直徑8.6厘米，重量135克，m值2.33。緣厚0.5厘米。

　　圓形，圓紐。紐兩側各有一帶花紋的長方綫框。右框內四字銘文："湖州孫家"。左框內四字銘文："青鸞寶鑒"。紐上下各有一大字，上爲"仲"，下爲"明"。其餘均與前鏡相同。

　　宋明兩代重視儒家思想，銘文鏡內容除吉祥語外，還多教育詞語，闡述做人的道理。

一九七　明董氏月娟鏡

直徑 25 厘米，重量 2295 克，$m$ 值 4.67。緣厚 1.38 厘米。

圓形，平頂圓紐。紐頂爲"馬思塘造"方章戳記。紐右側有"董氏月娟"陽文款。凹弧邊直素緣。

本鏡規格較大，$m$ 值高，手感很重。印紐頂部所置鑄鏡工匠或作坊主人之名章，鏡中少見。在其他明鏡上，僅偶爾出現單個"馬"字。"董氏月娟"四字，應是董氏父母爲女"董月娟"出嫁而定鑄的陪嫁之物。銅鏡在古代頗爲珍貴，常被富家用作嫁娶之物。此鏡僅署單個女子姓名，尚不多見。

252

一九八　明雙龍日初昇銘帶鏡（搨本）

　　直徑 8.8 厘米，重量 232 克，*m* 值 3.8。緣厚 0.72 厘米。

　　圓形，圓紐。紐外雙龍相對，回首觀望。一周凸起的粗弦紋分隔成兩區。外區沿圓周逆時針向均佈二十四字小篆體銘文："日初昇，月初盈，纖翳不生，肖茲萬形，是曰櫻寧，瑩乎太清。玄卿。"斜面素緣。

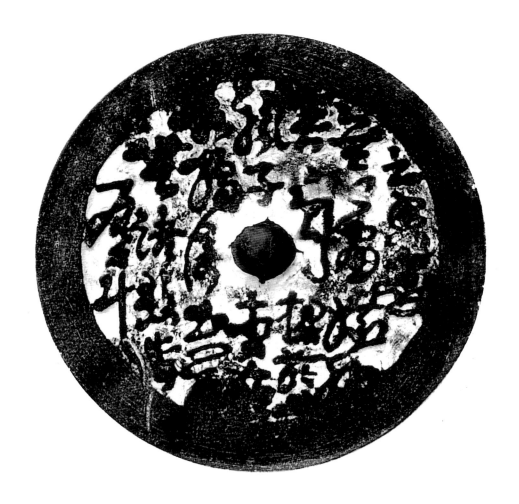

## 一九九　明雲香還無鏡

直徑 9.1 厘米，重量 112 克，$m$ 值 1.72。緣厚 0.27 厘米。

草書始於西漢元帝時期，從東漢起歷代皆有名人佳作出現。但在日常生活中特別是正規場合，幾乎見不到草書，銅鏡也不例外。四千年的銅鏡史，祇是到了明代纔在銘文鏡中見到草書。此鏡七句四言草書筆畫圓轉，惜清晰度較差。僅就字面解讀，大致內容爲"雲香還無，雷臕（胭）脂淡，自探藍新，子杏黃裳，獨信何出（書），闌無語點，乖有（爲）生計"。

254

## 二〇〇　清福禄壽喜鏡

直徑 35.2 厘米，重量 1497 克，*m* 值 1.54。緣厚 0.39 厘米。

圓形，圓紐。主紋飾用減地淺雕的工藝手法，按上下右左序鑄篆書四字銘文："福禄壽喜"。寬邊内凹素緣。

清初大尺寸銅鏡較多，此鏡已屬特大之列。此類鏡紐上常有"薛晉侯製"戳記。魯迅於 20 世紀 20 年代曾在北京琉璃廠購得一面此類鏡，衹是規格更大，鏡徑達 41.8 厘米。

二〇一　清方形銘文鏡（搨本）

　　邊長 8.2 厘米，重量 116 克，*m* 值 2.19。緣厚 0.22 厘米。

　　方形，無紐。主紋飾採用清初流行的減地淺雕工藝手法，鑄刻大小二十二字楷書銘文：
"既虛其中，亦方其外，一塵不染，萬物皆備。湖城薛晉侯造"。寬邊素緣。

　　此類鏡存世量不少，此鏡品相上乘，書體規範，文字精美，字口清晰。湖城，即今浙
江湖州。薛晉侯又名薛惠公，係乾隆年間浙江湖州的鑄鏡名匠。中國銅鏡歷經四千餘年，
在其之後再無鑄鏡名匠及名鏡，故薛鏡當是中國正規銅鏡之終結。

256

**二〇二　民國五子登科鏡（搨本）**

　　直徑 7.6 厘米，重量 25 克，m 值 0.56。緣厚 0.06 厘米。

　　圓形，小圓紐。主紋飾爲按上下右左序，環紐均佈的四字開光楷書銘文：“五子登科”。鏡邊一周細弦紋。窄邊素緣。

　　此鏡正面有鍍鎳層，至今仍呈現銀白色光澤，分析應是民國之物。因最早在中國大量使用鎳是在發行鎳幣的 20 世紀 30 年代。其時大城市已普遍使用玻璃鏡，再製作此類鏡，當是供中小城市或邊遠農村之需。此鏡極薄，應是爲了降低成本。從中國銅鏡發展史來看，這應該是真正的“末代鏡”。

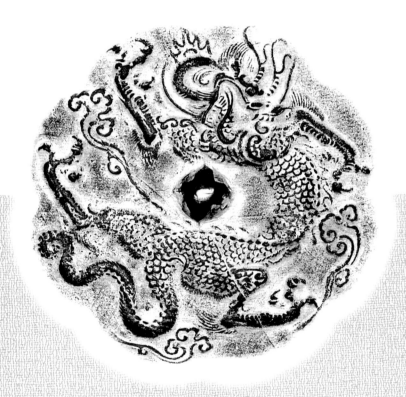

附 ◎ 録

258

一　西漢草葉銘文鏡（搨本）

直徑 20.7 厘米（漢尺九寸）。書體爲繆篆。梁鑒贈搨。

八字銘文：“投博至朋，直酒高堂。”博爲博局，或稱六博、陸博，是古代一種棋具。

在西漢草葉銘文鏡中，罕見涉及博局的“博”字。另外，此鏡紋飾中暗藏 TLV 符號，亦屬難得一見。

二　西漢草葉銘文鏡（搨本）

直徑 18.5 厘米（漢尺八寸）。書體爲繆篆。劉星贈搨。

十六字銘文："長富貴，樂毋事，日有喜，常得所喜，宜酒食。"

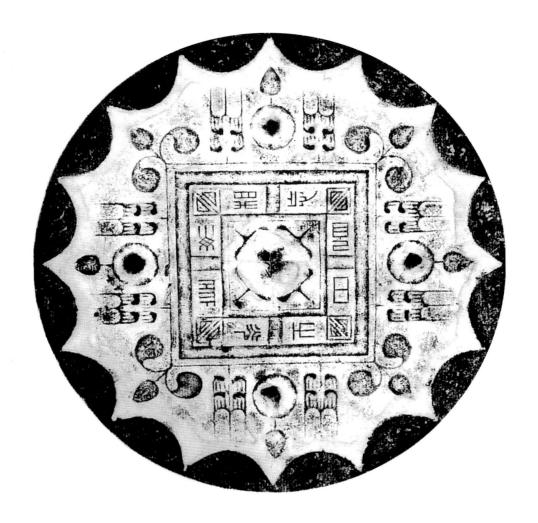

260

### 三　西漢草葉銘文鏡（搨本）

直徑 16 厘米（漢尺七寸）。書體爲繆篆。金平贈搨。

八字銘文："見日之光，長毋相忘。"在草葉銘文鏡尺寸系列中，七寸較少見。

四　西漢草葉銘文鏡（搨本）

直徑 13.9 厘米（漢尺六寸）。書體爲繆篆。梁鑒贈搨。

四字銘文："願長相思"。

262

### 五　西漢草葉銘文鏡（搨本）

　　直徑 13.8 厘米（漢尺六寸）。書體爲繆篆。梁鑒贈搨。

　　銘文成圈，紋飾奇特。四組雙疊草葉紋與四 V 紋相間，形成主紋區。近紐處均佈八字銘文："見日之光，君毋相忘。"此鏡形制一反常規，與衆不同。

## 六　西漢君有遠行重圈銘帶鏡（搨本）

　　直徑 15.6 厘米。書體均爲帶篆隸書。梁鑒贈搨。

　　内圈二十字銘文："君行有日反（返），毋時□簡□，尚可治□□，心□不足思。"外圈
四十字銘文曰："君有遠行妾私喜，饒自次□□止。君□行來，何以爲信，祝父母耳。何木
毋疵，何人毋友，相思有常可長久。"此鏡與《上博藏鏡》圖 34 鏡相對照，不僅多了内圈
的二十字銘文，外圈銘文還多了兩個字。

　　君有遠行鏡存世不多，重圈銘文更少。

264

七　西漢昭明清白重圈銘帶鏡（搨本）

直徑 18 厘米（漢尺八寸）。書體爲小篆和帶篆隸書。梁鑒贈搨。

內圈二十一字銘文："內清質以昭明，光夫日月，心忽而願忠，然壅塞而不泄。"外圈三十四字銘文曰："絜清事君，怨（窓）之合明，□玄錫之澤，恐疏遠日忘，慎美之窮皚，承歡之可説，慕窈之靈泉，絶。"

此鏡是重圈銘文鏡中的大型鏡，品相上佳，內圈文字尤爲精美，惜缺字較多。

**八 漢、新莽尚方御鏡四靈博局鏡（搨本）**

直徑 20.9 厘米（新莽尺九寸）。書體爲隸書。蔣海祥贈搨。

四十二字銘文："尚方御鏡大毋傷，巧工刻婁成文章，左龍右虎辟不祥，朱雀玄武調陰陽，子孫備具居中央，長保二親樂富昌。"居攝元年紀年鏡的形制與西漢中晚期連弧銘文鏡相似，尚方御鏡却有規則的博局紋四靈圖案。王莽篡漢後，就多見"八子九孫治中央"等銘文。所以，尚方御鏡主要是在居攝元年後所鑄造。

### 九　漢、新莽銅華（錯刀）四靈博局鏡（搨本）

直徑 21 厘米（新莽尺九寸）。書體爲裝飾隸書。梁鑒贈搨。

三十五字銘文："令名之紀七言止，涷治銅華去惡（不良）宰（雜質），鑄成錯刀天下喜，安漢保真世毋有，長樂日進宜孫子。"居攝二年（公元 7 年）五月，西漢實行第一次貨幣改革時，鑄行"金錯刀"。銘文第三句明確此鏡鑄製年代在此之後，第四句表明王莽尚未廢漢，故其年代當在始建國元年（公元 9 年）元月前。鑒於國內僅藏始建國紀年鏡，而再早的居攝紀年鏡已流落海外。所以，此鏡雖無紀年銘，却應是國內最早有史可查的"紀年鏡"。

一〇　新莽角王巨虛四靈博局鏡（搨本）

直徑 19.2 厘米。書體爲懸針篆。張宏林贈搨。

四句七言二十八字銘文："角王巨虛辟不祥，七子九孫治中央，倉龍白虎神而明，朱爵玄武順陰陽。"此鏡子午綫反向，銘文帶在 TLV 紋之間。新莽銘文鏡中"十"字豎筆較短時，應讀作"七"。此鏡字體尤爲俊美，"九"、"央"等字的結構別出心裁。

268

一一　新莽昭見明鏡四靈博局鏡（搨本）

　　直徑 18.7 厘米（新莽尺八寸）。書體爲懸針篆。張宏林贈搨。

　　四十二字銘文：“昭見明鏡知人請，左龍右虎辟天菁，朱爵玄武法列皇，八子十二孫宙安寧，常宜酒食樂長壽，有鬼神，物自成。”此鏡子午綫反向，四靈位置一反常規，在 TL 紋的左側，虎頭圖案亦與衆不同。

一二　新莽上此大山四靈博局鏡（搨本）

直徑 13.6 厘米（新莽尺六寸）。書體爲美術懸針篆。梁鑒贈搨。

二十八字銘文："上此大山見神人，久宜官秩葆子孫，君食玉英飲醴泉，參駕蚩龍乘浮雲。"此鏡懸針篆書體奇特，不僅瀟灑俊逸，而且美術化。如"山"字當中加紋飾，"宜"字末尾多旋轉，"官"字内外有長短，難得一見。

上大山鏡銘文多爲三言句，此鏡將相鄰兩個三言句之間再加上一個字組成七言句，比較少見。

270

### 一三　東漢對置式神獸鏡

直徑 10.6 厘米。書體爲隸書。吳文清贈搨。

"麻雀雖小，五臟俱全"。此鏡雖小却包括了清晰的七十三字銘文，内十二格每格一字：
"吾作明竟，幽涑三商，周刻無亟"。外六十一字銘文："江是（氏）作鏡四夷服，多賀國家
人民息，胡虜專滅天下復，風雨時節五穀熟，長保二親得天力，傳告後世樂無亟。男則封
侯女王婦，宗孫廣博，壽敞（敝）山陵，詠詠不走（?）。"

此鏡的問世年代，根據前六句銘文看應出自新莽或東漢初，從紋飾看却在東漢中晚期。

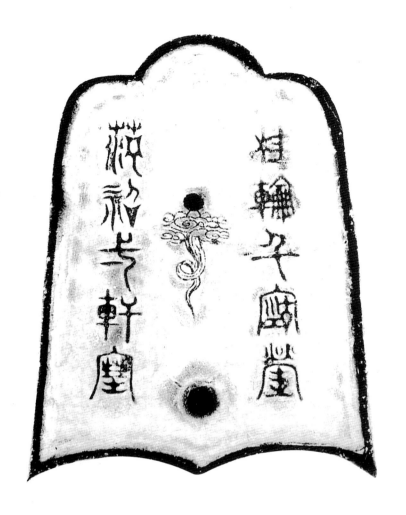

一四　南宋鐘形桂輪千寂瑩銘文鏡（搨本）

高 16.3 厘米。書體爲篆書。陳學斌贈搨。

兩行十字銘文：“桂輪千寂瑩，清詔一軒室。”

272

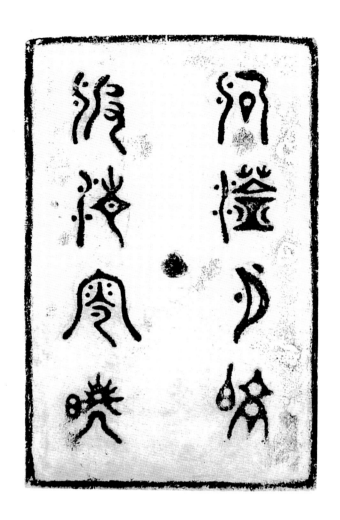

**一五　南宋長方形河澄月皎銘文鏡（搨本）**

高 15.7 厘米。書體爲美術篆書。陳學斌贈搨。

兩行八字銘文：“河澄月皎，波清雪曉。”這是宋代著名的回文詩，在各類鏡形中均有出現。

**一六　明湖州孫家思敬鏡（搨本）**

直徑 8.8 厘米。書體爲魏碑。陳學斌贈搨。此鏡銘文借鏡喻人。

**一七　明湖州孫家平安鏡（搨本）**

直徑 8.8 厘米。書體爲魏碑。陳學斌贈搨。此鏡銘文借鏡喻人。

273

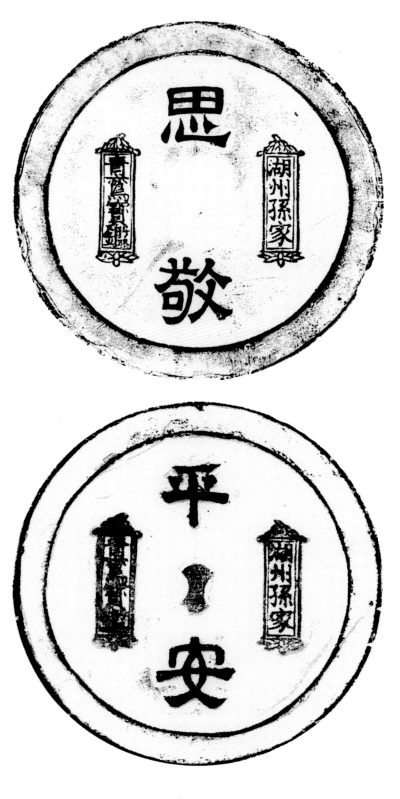

### 一八　清方形方正而明銘文鏡（搨本）

邊長9厘米。書體爲隸書。陳學斌贈搨。

此鏡十六字銘文："方正而明，萬里無塵，水天一色，犀照群倫。"

### 一九　清方形如日之精銘文鏡（搨本）

邊長9厘米。書體爲篆隸變體。陳學斌贈搨。

此鏡十六字銘文："如日之精，如月之明，水天一色，犀照群倫。"

### 二○　清方形區別群流銘文鏡（搨本）

邊長9厘米。書體爲楷書。陳學斌贈搨。

此鏡十六字銘文："區別群流，昭融內性，懸象著明，孰敢不正。"在清代同類十六字銘文鏡中，此鏡銘文較少見。

276

二一　清方形不璧而珪銘文鏡（搨本）

　　邊長９厘米。書體爲隸書。陳學斌贈搨。

　　此鏡二十四字銘文：“不璧而珪，萬象能鑒，不照而光，壹心自湛，些子本無，以虛爲鑒。”清代方形銘文鏡中，十六字居多，二十四字甚少。

# 參 考 文 獻

1. 陳介祺《簠齋藏鏡》，蟬隱廬石印本，1925 年。

2. 梁上椿《岩窟藏鏡》，大業印刷局育華印刷所，1935 年。

3. 劉體智《小校經閣金文揭本》，大通書店，1935 年。

4. ［日］梅原末治《唐鏡大觀》，同朋舍，1945 年。

5. 彭信威《中國貨幣史》，上海人民出版社，1958 年。

6. 張金儀《漢鏡所反映的神話傳說與神仙思想》，臺灣故宮博物院，1981 年。

7. 孔祥星、劉一曼《中國古代銅鏡》，文物出版社，1984 年。

8. 周世榮《銅鏡圖案——湖南出土歷代銅鏡》，湖南美術出版社，1987 年。

9. 王士倫《浙江省出土銅鏡》，文物出版社，1987 年。

10. 陳佩芬《上海博物館藏青銅鏡》，上海書畫出版社，1987 年。

11. 洛陽博物館《洛陽出土銅鏡》，文物出版社，1988 年。

12. 孫機《漢代物質文化資料圖說》，文物出版社，1990 年。

13. 高漢銘《簡明錢幣辭典》，江蘇古籍出版社，1990 年。

14. ［美］福開森《歷代著錄吉金目》，中國書店，1991 年。

15. 徐無聞《甲金篆隸大字典》，四川辭書出版社，1991 年。

16. 孔祥星、劉一曼《中國銅鏡圖典》，文物出版社，1992 年。

17. 何應輝、劉正成《中國書法全集》，榮寶齋，1993 年。

18. 吳哲夫《中國五千年文物集刊·銅鏡篇》，集刊編輯委員會，1993 年。

19. 聶世美《菱花照影》，上海古籍出版社，1994 年。

20. 郭玉海《故宮藏鏡》，紫禁城出版社，1996 年。

21. 河北省文物研究所《歷代銅鏡紋飾》，河北美術出版社，1996 年。

22. 旅順博物館《旅順博物館藏銅鏡》，文物出版社，1997 年。

23. 劉淑娟《遼寧銅鏡研究》，瀋陽出版社，1997 年。

24. 李雪梅、曉冰《銅鏡》，貴州人民出版社，1998 年。

25. 李學勤《綴古集》，上海古籍出版社，1988 年。

26. 中國青銅器全集編輯委員會《中國青銅器全集·銅鏡》，文物出版社，1998 年。

27. ［日］岡村秀典《蟠螭鏡的文化史》，1998 年。

28. 何堂坤《中國古代銅鏡的技術研究》，紫禁城出版社，1999 年。

29．盧嘉錫《中國科學技術史·度量衡卷》，科學出版社，2001 年。

30．李零《中國方術考》，東方出版社，2001 年。

31．辛冠潔《陳介祺藏鏡》，文物出版社，2001 年。

32．李斌城《唐代文化》，中國社會科學出版社，2002 年。

33．程林泉、韓國和《長安漢鏡》，陝西人民出版社，2002 年。

34．林劍鳴《秦漢史》，上海人民出版社，2003 年。

# ABSTRACT

This monograph, entitled "Hall of Three Pagoda Trees" is named after the Hall of the author's clan.

The monograph presents one hundred and forty-nine bronze mirrors selected from the collection handed down by the family from generation to generation, as well as those collected for years by the author.

The work consists of nine parts chronologically arranged. It includes bronze mirrors from different historical periods of China, namely, 8 from the Pre − Qin Dynasty, 35 from the Western Han Dynasty, 14 from the New Wang Mang Dynasty, 19 from the Eastern Han Dynasty, 4 from the Wei, the Jin and the Southern and Northern Dynasties, 27 from the Sui and the Tang Dynasties, 19 from the Five Dynasties and the Song Dynasty (960 A. D. ~ 1279 A. D.), 9 from the Liao, the Jin and the Yuan Dynasties, and 14 from the Ming Dynasty, the Qing Dynasty, and the Republic of China. 21 rubbings of the mirrors with inscriptions are attached in the appendix.

Characters are an important symbol of the civilization of mankind. In order to explore and enhance the culture of mirrors in China, the author puts the emphasis on the mirrors with inscriptions from the Western Han Dynasty and the New Wang Mang Dynasty. More stress is put on helping readers appreciate the calligraphy and understand the inscriptions through the annotations.

The author's achievement in exploring the length measure and the weight measure of the bronze mirrors is also included in the book. Firstly, the author measures the diameters of some of the mirrors in units standard to the respective historical periods and finds that when measured in the unit of "cun", most diameters turn out to be whole numbers. Secondly, sufficient probe in m ($g/cm^2$), the weight per unit area, reveals that the ranges of m in different historical periods are different. Thus the value of m may be used as a reference in judging the historical period a mirror belongs to.

# 内 容 提 要

　ニの書は家族の祠名である《三槐堂》を書名とする。何代もの家伝及び多年にわたり集めた青銅鏡から、149 枚を選択し、年代別に列べると九つの部分に分かれる。その内訳は先秦鏡 8 枚、前漢鏡 35 枚、王莽新朝鏡 14 枚、後漢鏡 19 枚、魏晋南北朝鏡 4 枚、隋唐鏡 27 枚、五代宋鏡 19 枚、遼金元鏡 9 枚、明清民國鏡 14 枚となる、また付録として 21 枚の銘文鏡搨片がある。

　文字は文明の重要な標識であり、鏡文化の発掘と発揚にあたり、本書は主として前漢と王莽新朝の二時代の銘文鏡を強調し、字體の鑑賞及び銘文に内包する解釈を重視している。

　また、ニの書は作者が銅鏡に對して"度"と"量"における深い研究の成果を反映するものである。まず一部の銅鏡はその時代の標準尺度に見合つたもので、値が計算され、その多くは当時の"寸"単位の整數値に合わせられているニとを発見した。次に銅鏡の単位面積の重量 m（$g/cm^2$）値に対して十分に探究されておずり、時代の変化毎に m 値の範囲異なり、その統計の規律に据って、時代の断定の参考とするニともできる。

# 後　記

　　跨行寫書，艱辛自知，三易寒暑，終於完稿。荷蒙王世襄、史樹青前輩親筆題字，仰賴孔祥星、劉一曼先生不吝賜教，深表感謝。

　　本書得以出版，蒙周清陽先生襄助，承文物出版社蘇士澍社長慨允，尤表銘感。

　　在本書撰寫的前前後後，幸有各方友好俞慧鈞、孫克讓、周志豪、傅爲群、葉德舜、李經謀、張宏林、陳學斌、吳文清、李宏、蘇懷一、韋永華、王紀泰、李占芳等熱情支持，謹致誠摯的謝忱。

　　最後，對家人管以蒓、王秀青、王堅、張平原、王歷等人的關心和奔走，也在此一併致意。

王　綱　懷

2004 年 1 月於上海寓所